かっこいい小学生になろう

Z会 グレードアップ問題集

JN314134

小学1年

国語

読解

はじめに

Z会は「考える力」を大切にします

『Z会グレードアップ問題集』は、教科書レベルの問題集では物足りないと感じている方・難しい問題にチャレンジしたい方を対象とした問題集です。当該学年での学習事項をふまえて、発展的・応用的な問題を中心に、一冊の問題集をやりとげる達成感が得られるよう内容を厳選しています。少ない問題で最大の効果を発揮できるように、通信教育における長年の経験をもとに〝良問〟をセレクトしました。単純な反復練習ではなく、一つ一つの問題にじっくりと取り組んでいただくことで、本当の意味での「考える力」を育みます。

単なる文章読解にとどまらない総合的な読解力の基礎を

国語は、すべての学習の基礎となる教科です。そして、学習だけでなく、生活すべての土台となると言ってもよいでしょう。しかし、国語の力は、母語とはいえ、自然と身につくものではありません。しっかりとした読解力は訓練することで磨かれます。

そこで、本書では、数多くの多様な文章を用いて、厳選した読解問題に取り組みます。また、文章読解だけでなく、地図と文章、文章とイラストを結びつけて考える練習や、書く活動、古文・漢文の音読なども取り入れ、単なる文章読解にとどまらない総合的な読解力の基礎を身につけることができます。

国語の学習を継続させるためには、「国語は楽しい」と思えることが不可欠です。本書では、お子さまの興味・関心の幅が広がるような文章を厳選しました。問題に取り組むうちに、お子さまが「自ら学ぶ力」を開花させることを願ってやみません。

この 本《ほん》の つかいかた

1 この 本《ほん》は ぜんぶで 38かい あるよ。1から じゅんばんに、1かいぶんずつ やろう。

2 1かいぶんが おわったら、おうちの 人《ひと》に まるを つけて もらおう。

3 まるを つけて もらったら、つぎの ページに ある もくじに シールを はろう。

4 これができると かっこいい! で しょうかい して いる ことは、だいじな ことだから おぼえて おこうね。

保護者の方へ

お子さまの学習効果を高め、より高いレベルの取り組みをしていただくために、保護者の方にお子さまと取り組んでいただく部分があります。「解答・解説」を参考にしながら、お子さまに声をかけてあげてください。

お子さまが問題に取り組んだあとは、丸をつけてあげましょう。また、各設問の配点にしたがって、点数をつけてあげてください。

なお、読解の仕方を学ぶための「ポイント」の回は、「解答・解説」ではなく、回の中に設けられている「こたえ」のコーナーをご参照ください。

いっしょに むずかしい もんだいに ちょうせん しよう!

もくじ

おわったら　シールを　はろう。

第１回

ばめんを　おさえる

ものがたりの　ポイント

つぎの　文《ぶん》しょうを　よんで、もんだいに　こたえましょう。

しょうたくんは　てつぼうを　つよく　にぎりしめて、足《あし》を　けり上《あ》げました。だけど……。どすん！　おっこちて　しまいました。しょうたくんは　クラスの　男子《だんし》で　一人《ひとり》だけさか上《あ》がりが　できません。だから、おひる休《やす》みに　校《こう》ていで　れんしゅうを　する　ことに　したのです。

校《こう》ていでは、みんなが　たのしそうに　あそんで　います。

「ようし、もう一《いっ》かい。えいっ！」

しょうたくんは　校《こう》ていの　すみっこで　さか上《あ》がりの　れんしゅうを　つづけました。

もんだいに　こたえよう

3　文《ぶん》しょうの　中《なか》で、校《こう》ていの　ようすが　わかる　文《ぶん》に　せんを　ひきましょう。

4　しょうたくんは　どうして　さか上《あ》がりの　れんしゅうを　して　いるのでしょうか。りゆうを　えらんで　（　）に　○を　かきましょう。

（　）クラスの　みんなは　さか上《あ》がりが　できないと　あそんで　くれないから。

（　）クラスの　男子《だんし》の　なかで　さか上《あ》がりが　はやって　いたから。

（　）クラスの　男子《だんし》で　一人《ひとり》だけ　さか上《あ》がりが　できないから。

学習日　月　日

たしかめよう

1 文《ぶん》しょうには　だれが　出《で》て　きたかな。

□

2 いつ、どこで、なにを　して　いるのかな。

□に、□の

すみっこで、□の

れんしゅうを　して　いる。

これができると **かっこいい！**

ものがたりを　よむ　ときは、だれが、いつ、どこで、どう　したのかに　気《き》を　つけて　よむように　しよう。

こたえ

たしかめよう

1 しょうたくん

2 おひる休《やす》み・校《こう》てい・さか上《あ》がり

もんだいに　こたえよう

3 校《こう》ていでは、みんなが　たのしそうに　あそんで　います。

4 （○）　クラスの　男子《だんし》で　一人《ひとり》だけ　さか上《あ》がりが　できないから。

第2回

ものがたり

ばめんを　おさえる ①

学習日　月　日

得点　／100点

つぎの　文《ぶん》しょうを　よんで、下《した》の　もんだいに　こたえましょう。

へやの　まん中《なか》で、えっちゃんが　てるてるぼうずを　つくって　います。

「どうか、あした　はれますように。えん足《そく》に　いけますように。」

まどの　そとは、はいいろの　くもり空《ぞら》。いまにも　雨《あめ》が　ふりそうです。

くろの　サインペンで、ていねいに　まるい　目《め》を　かき、赤《あか》の　サインペンで　小《ちい》さい　口《くち》も　かきました。すこし　わらった　かんじです。

「どう、なかなか　上手《じょうず》よ。ね、ミュウ。」

と、子《こ》ねこの　ミュウに　いいました。

ところが、へんじが　ありません。ない　はずです。ミュウは、さっき　まどから　とび出《だ》して、

1 えっちゃんは、どこに　いますか。（30てん）

2 えっちゃんは、なにを　して　いますか。（一つ20てん）

を

いる。

ひそとも　音《おと》を　立《た》てずに、あそびに　いって
いたのです。
「いやな　ミュウ。だまって　出《で》かけるなんて。」
えっちゃんは、てるてるぼうずの　くびに、赤《あか》
い　け糸《いと》を　むすびました。

3　ばめんの　ようすと　あって　いる　ものは　どれですか。（　）に　○を　かきましょう。
（30てん）

ア（　）あしたは　えん足《そく》で、まどの　そとは　青空《あおぞら》で　よく　はれて　いる。

イ（　）あしたは　えん足《そく》だけれど、まどの　そとは　くもり空《ぞら》で　雨《あめ》が　ふりそうだ。

ウ（　）きのうは　えん足《そく》が　あって、はいいろの　くもり空《ぞら》から　雨《あめ》が　ふって　きた。

出典★　あまんきみこ 作『おはなし ひろば ⑥ えっちゃんとミュウ』フレーベル館刊　より

第3回

ものがたり ばめんを おさえる ②

つぎの 文《ぶん》しょうを よんで、下《した》の もんだいに こたえましょう。

「出《しゅっ》こうします。」

って、アナウンスが ながれた。

「出《しゅっ》こう?」

「ふねが 出《で》る ことだよ。」

そうか、いよいよ ふねが うごき出《だ》すんだ。

「ね、おとうさん、そと いって いい?」

「ちょっと まって。」

おとうさんは、ごそごそ バッグの 中《なか》を の
ぞいたり して いる。

あたしは、

「はやく はやく。」

って、おとうさんを せかした。

だって、ふねが 出《で》る ところを 見《み》のがし

1 「あたし」は、どう する ところなのですか。（一つ20てん）

[　　　]に のって、

[　　　]に いく ところ。

2 「あたし」は、だれと いっしょに いますか。（30てん）

[　　　]

学習日　月　日

得点　／100点

ちゃう。

ゴゴゴゴッと、ふねが　ふるえた。

きしに　いる　人《ひと》たちが、こっちを　見《み》て　い

た。ヘルメットを　かぶって、はたらいて　いる

人《ひと》たちも　いる。

あたしは、むねを　はった。

みんなに、よその　しまに　いくんだよ、たび

するんだよって、じまんしたい　かんじ。

3　――と　ありますが、どのような　ばめんの

ようすを　あらわして　いますか。（　）に　○

を　かきましょう。（30てん）

ア（　）きしから　はなれた　ふねが、うみの

上《うえ》を　どんどん　すすむ　ようす。

イ（　）ふねが　出《しゅっ》こうして、きしを　はな

れようと　して　いる　ようす。

ウ（　）ふねが　ようやく　みなとに　つい

て、うごきを　とめる　ようす。

出典★　長崎夏海《ながさきなつみ》　作『ふねにのっていきたいね』

ポプラ社刊　より

第4回

よむ

こえに 出《だ》して よもう ～かの いろいろ～

学習日

月　日

1 つぎの しを こえに 出《だ》して よみましょう。

かの いろいろ

か

とぶか
とばぬか
とばぬかなんか
ないではないか
ねむいか
ねむれないか
よるじゅうないてるか

2 上《うえ》の しを かきうつしましょう。かきうつす ときは、上《うえ》の しと おなじ ところで ぎょうを かえましょう。

かの いろいろ

かわいそうなか
かわいそうか
かわいそうでないか
きいてみたか
きいてもわからんか
ああそうですか

さいごの　文字《もじ》が「か」で
そろって　いるね。
大《おお》きな　こえで　よんで、おう
ちの　人《ひと》に　きいて　もらおう。

出典★市河紀子《いちかわのりこ》 編『ぱぴぷぺぽっつん』
のら書店刊　所収
阪田寛夫《さかたひろお》 作「かの　いろいろ」より

第5回

いろいろな 文

日《にっ》きを よむ

つぎの 日《にっ》きを よんで、下《した》の もんだいに こたえましょう。

八月二十日《はちがつはつか》　天気《てんき》 はれ

きょう、ぼくは、かぶと虫《むし》を とりに、あさ早《はや》く おとうさんと おかの 上《うえ》の 林《はやし》に いきました。

かぶと虫《むし》を 見《み》つける ことが できるかな、と かんがえて いたので、きのうの よるは なかなか ねむる ことが できませんでした。だから、あさ早《はや》く おとうさんに おこされても、なかなか おきられませんでした。

ねむかったけれど、おきて 林《はやし》に むかいました。林《はやし》の 中《なか》は、すずしかったです。

木《き》の みきに かぶと虫《むし》が とまって いない

1 いつの 日《にっ》きですか。（20てん）

2 「ぼく」は、なにを する ために 林《はやし》に いったのですか。（20てん）

ため。

3 「ぼく」が、あさ なかなか おきられなかったのは、どうしてですか。（20てん）

学習日　月　日

得点　／100点

か、おとうさんと　いっしょに　一本一本《いっぽんいっぽん》の　木《き》を　さがしました。
一《いち》じかんくらい　さがしても　見《み》つからなくて、あきらめかけた　とき、ようやく　一本《いっぽん》の　木《き》に　かぶと虫《むし》が　とまって　いるのを　見《み》つけました。
かぶと虫《むし》は　とても　かっこよくて、見《み》つけた　ときは、すごく　うれしかったです。
虫《むし》かごに　入《い》れて、だいじに　いえに　もって　かえりました。

きのうの　よる、なかなか　＿＿＿＿　が　できなかったから。

4 かぶと虫《むし》を　見《み》つけた　とき、「ぼく」は　どんな　気《き》もちに　なりましたか。（　）に　○を　かきましょう。（20てん）

ア（　）ふしぎな　気《き》もち。
イ（　）びっくりした　気《き》もち。
ウ（　）うれしい　気《き》もち。

5 「ぼく」は、見《み》つけた　かぶと虫《むし》を　どう　しましたか。（20てん）

第6回

いろいろな 文

手《て》がみを よむ

つぎの 手《て》がみを よんで、もんだいに こたえましょう。

おばあちゃん、まだまだ あつい 日《ひ》が つづきますが、おげん気《き》ですか。

いま、わたしは、ピアノの れんしゅうを がんばって います。もうすぐ、ピアノの はっぴょうかいが あるからです。

はっぴょうかいに むけて、わたしは まい日《にち》 一《いち》じかんくらい ピアノの れんしゅうを して います。上手《じょうず》に えんそうできるように 一生《いっしょう》けんめい がんばりたいです。

もし よかったら、ピアノの はっぴょうかいを 見《み》に きて ください。

はっぴょうかいは、九月十五日《くがつじゅうごにち》の 日《にち》よう日《び》に あります。ばしょは、えきまえの ぶんかか

2 えみさんは、まい日《にち》 どれくらい ピアノの れんしゅうを して いますか。 (20てん)

［　　　　］くらい。

3 はっぴょうかいは、いつ あるのですか。 (20てん)

［　　　　］

4 はっぴょうかいは、どこで あるのですか。 (20てん)

学習日　月　日

得点　／100点

いかんです。
見《み》に　きて　くれたら　うれしいです。
おへんじ　まって　います。
九月五日《くがついつか》
えみ
おばあちゃんへ

1 だれが　だれに　かいた　手《て》がみですか。（一つ10てん）

［　　］が
［　　］に　かいた　手《て》がみ。

［　　］

5 この　手《て》がみは、なにを　つたえる　手《て》がみですか。（　）に　○を　かきましょう。（20てん）

ア（　）ピアノの　はっぴょうかいを　見《み》に　きて　ほしいと　いう　こと。

イ（　）ピアノを　ならおうと　かんがえて　いると　いう　こと。

ウ（　）ピアノの　れんしゅうが　とても　たいへんだと　いう　こと。

第7回

かく

手《て》がみを かこう

イーマルの かわりに、つぎの ないようの 手《て》がみを かきましょう。

ぼくの 学校《がっこう》で、こんどの 土《ど》よう日《び》に おまつりを するから、おともだちの かけるさんに きて ほしいんだ。
ぼくの かわりに 手《て》がみを かいてね。

イーマル

1 手《て》がみに かく ことを せいりしましょう。

① だれに どんな ことを つたえますか。

だれに

どんな こと

② おまつりは いつ どこで ひらかれますか。

いつ

どこで

学習日　　月　　日

手《て》がみの　かきかた

あい手《て》の　名《な》まえを　かく。

はるかさんへ

こんにちは。おげん気《き》ですか。

あたらしい　学校《がっこう》には　もう　なれましたか。

ともだちは　できましたか。はるかさんが

ひっこして　しまって、さびしいです。

また、はるかさんと　あそびたいです。

あおいより

つたえたい　ことを　かく。

じぶんの　名《な》まえを　かく。

2 じっさいに　手《て》がみを　かきましょう。

かけるさんへ

イーマルより

第8回

せつめい文の ポイント

はなしの すじを つかむ

学習日　月　日

つぎの 文《ぶん》しょうを よんで、もんだいに こたえましょう。

ひかりと 音《おと》では すすむ はやさが ちがいます。ひかりの ほうが 音《おと》よりも ずっと はやく すすむのです。

かみなりを おもいうかべて ください。音《おと》は、空《そら》が ぴかっと ひかった あと、すこし おくれて、ゴロゴロと きこえて きます。

これは、空《そら》で かみなりの 音《おと》と ひかりが いっしょに 生《う》まれても、音《おと》が わたしたちに とどくまで じかんが かかるからです。こんど かみなりが なって いたら、ちゅういして きいて みて ください。

もんだいに こたえよう

2 ひかりと 音《おと》では、どちらの ほうが はやく すすみますか。

[　　　　]

3 どうして かみなりの 音《おと》は、ひかりよりも あとから きこえて くるのでしょうか。

かみなりの [　　] と [　　] が

いっしょに 生《う》まれても、音《おと》が とどくのに

[　　] が かかるから。

たしかめよう

1 右《みぎ》の 文《ぶん》しょうに かいて ある ことと あって いれば ○を、まちがって いれば ×を （　）に かこう。

（　）かみなりの 音《おと》は、ひかりと いっしょに わたしたちに とどく。

（　）ひかりと 音《おと》は、おなじくらいの はやさで すすむ。

（　）かみなりの 音《おと》は、ひかりよりも おくれて きこえて くる。

せつめいを よく よんで かんがえてね。

これが できると かっこいい！

どんな ことが せつめいされて いるのかを かんがえながら よめると かっこいいよ。

こたえ

たしかめよう

1
（×）かみなりの 音《おと》は、ひかりと いっしょに わたしたちに とどく。
（×）ひかりと 音《おと》は、おなじくらいの はやさで すすむ。
（○）かみなりの 音《おと》は、ひかりよりも おくれて きこえて くる。

もんだいに こたえよう

2 ひかり
3 音《おと》・ひかり・じかん

第9回

はなしの すじを つかむ ①

せつめい文

学習日　月　日

得点　/100点

つぎの 文《ぶん》しょうを よんで、下《した》の もんだいに こたえましょう。

日本《にっぽん》で、ぼくたちが ふつうに たべて いる おこめと、インドや とうなんアジアの、もっと あたたかい くにで たべて いる おこめとでは、かたちが ちがう。たいた ごはんも かたちが ちがう。ちがうのは、かたちだけだろうか。

そこで、じっけんを して みる ことに した。

おはしで つまんで みると、日本《にっぽん》の ごはんは つまみやすいけど、インドの ごはんは つまみにくい。手《て》で つまんで みると、日本《にっぽん》の ごはんは くっつくけど、インドの ごはんは さらさらして、手《て》に つかない。おにぎりを にぎって みたら、日本《にっぽん》の ごはんでは きれいに できたけど、インドの ごはんでは くずれて

1 じっけんでは どんな ことが わかりましたか。じっけんの けっかを つぎの ひょうに まとめましょう。（一つ15てん）

	〈じっけん1〉おはしで つまむ	〈じっけん2〉手《て》で つまむ
日本《にっぽん》の ごはん	①	③
インドの ごはん	②	手《て》につかない。

しまう。
いろいろと　じっけんして　みて、わかった。インドの　ほそながい　おこめで　たいた　ごはんは、おはしでは　つまみにくいし、ゆびにも　つかないから、手《て》で　たべたり　するんだ。手《て》や　スプーンで　たべるには、ちゃわんよりも　おさらが　べんりなのだろう。

日本《にっぽん》の　おこめ(みじかい)

インドの　おこめ(ほそながい)

〈じっけん3〉おにぎりを　にぎる
きれいにできる。
４

2 インドで　ごはんを　手《て》で　たべるのは　どうしてですか。（一つ20てん）

インドの　おこめで　たいた　ごはんは、
［　　　］では　つまみにくいし、ゆびにも
［　　　］から。

出典★森枝卓士《もりえだたかし》 文『手で食べる?』福音館書店刊　より

第10回

せつめい文

はなしの すじを つかむ ②

つぎの 文《ぶん》しょうを よんで、下《した》の もんだいに こたえましょう。

虫《むし》を 見《み》つけるのは たいへんですね。

ふつうの 虫《むし》は、とりなどの てきに 見《み》つからないように、土《つち》や はっぱの いろに にせた、見《み》わけにくい いろを して いるからです。

ところが、テントウムシは、まっかな からだに、くろの 水玉《みずたま》もようで、とても よく 目立《めだ》ちます。

でも、テントウムシの 目立《めだ》つ もようも、ほかの 虫《むし》と おなじように、てきから みを まもる ための ものなのです。

テントウムシは、きけんを かんじると、からだから、とても にがくて まずい きいろの しるを 出《だ》します。

1 虫《むし》を 見《み》つけるのが たいへんなのは どうしてですか。（一つ15てん）

虫《むし》は、［　　］や［　　］の いろに にせた、［　　］いろを して いるから。

2 とりが テントウムシを おそわなく なるのは、どうしてですか。せつめいの じゅんに なるように、（　）に 1から 3の ばんごうを かきましょう。（30てん）

学習日　月　日

得点　／100点

一《いち》ど　テントウムシを　たべた　とりは、この　まずい　あじを　おぼえます。そして、つぎに　テントウムシを　見《み》かけても、あの　虫《むし》は　おいしく　ないから　たべるのは　やめよう、と　かんがえて、テントウムシを　おそわなく　なります。

テントウムシの　はでな　いろの　からだは、じぶんは　おいしくないよ、と　いう　目《め》じるしのような　ものです。

ア（　）テントウムシを　たべた　とりが、まずい　あじを　おぼえる。

イ（　）とりが　テントウムシを　見《み》かけても、たべるのを　やめようと　かんがえる。

ウ（　）とりに　おそわれた　テントウムシが　にがくて　まずい　きいろの　しるを　出《だ》す。

3 テントウムシの　からだは　どうして　はでな　いろを　して　いるのですか。（25てん）

テントウムシの　てきの　とりに、じぶんは　［　　　　　　］　と　いう　ことを　しらせるため。

出典★久道健三《ひさみちけんぞう》著『かがくなぜどうして　一年生』偕成社刊　所収「テントウムシは、なぜ　あんなに　めだつ　いろを　しているの?」より

第11回

かく

すきな ものに ついて かこう

学習日　月　日

じぶんの すきな ものと その りゆうを かきましょう。

じぶんの かんがえと りゆうを かく ほうほうには、つぎの 二《ふた》つが あります。

1 先《さき》に じぶんの かんがえを かいてから、あとで りゆうを かく かきかた。

わたしは、ねこが すきです。なぜなら、ふわふわして いて かわいいからです。

「なぜなら」「～から」などの ことばを つかって かきます。

1 あなたの「すきな もの」に ついて、先《さき》に じぶんが すきな ものの ことを かいてから、あとで りゆうを かく かきかたで かきましょう。

※ スポーツ、きせつ、たべものなど、じぶんが すきな ものに ついて かきましょう。

2 先《さき》に りゆうを かいてから、その あとで じぶんの かんがえを かく かきかた。

ぼくは、はしるのが はやくて、うんどうが とくいです。だから、きょうかの 中《なか》では、たいいくが 一《いち》ばん すきです。

「だから」などの ことばを つかって かきます。

りゆうを いっしょに せつめいすると、どうして それが すきなのか、あい手《て》に よく つたわるね。

2 あなたの 「すきな もの」に ついて、先《さき》に すきな りゆうを かく かきかたで かきましょう。

※ スポーツ、きせつ、たべものなど、じぶんが すきな ものに ついて かきましょう。**1**と おなじ ものでも、ちがう ものでも よいです。

第12回

からすの かんざぶろう

よむ

つぎの 文《ぶん》しょうを よみましょう。よんだら、かんそうらんに かんそうを かきましょう。

こんかいの おはなし　からすの かんざぶろうは、き車《しゃ》が 大《だい》すきです。

　ところが、こんど、かんざぶろうは、おもいがけない はなしを、なかまの からすから、ききました。

　もう、この せんろに、き車《しゃ》が はしらなく なると いうのです。き車《しゃ》の かわりに、ディーゼル・カーが はしると いうのです。

　それを きいて、かんざぶろうは、「まさか」と、おもいました。ところが、なかまの いった ことは、ほんとうでした。

　ある日《ひ》、かんざぶろうが、せんろに やって くると、子《こ》どもたちが 大《おお》ぜい、せんろの わきに ならんで、

「さよなら、き車《しゃ》さん、ごくろうさん。」

と、うたって いました。


　それを きいて、かんざぶろうは、どきりと しました。

　まもなく、き車《しゃ》が、ポーポーと きてきを ならしながら、やって きました。

　子《こ》どもたちは、

「さよなら、さよなら。」

と、手《て》を ふりました。

　きかんしの おじさんも、手《て》を ふりました。

「おーい、きかんしさん。」

　かんざぶろうは、むちゅうで、き車《しゃ》を おいかけました。

　き車《しゃ》の えんとつから 出《で》る けむりで、かんざぶ

学習日　月　日

ろうの　からだは、すすだらけに　なりました。

き車《しゃ》は、かんざぶろうを　おいぬいて、どんどん、むこうに　いって　しまいました。

「さようなら、き車《しゃ》さん。」

かんざぶろうは、小《ちい》さく　なって　いく　き車《しゃ》に、大《おお》ごえで　さけびました。

ところが、どう　したのでしょう。

カーカーと　いう　こえの　かわりに、ポーポーと　いう　こえが、とび出《だ》して　きたのです。いくら　カーカーと　なこうと　しても、ポーポーとしか　なけません。

かんざぶろうの　こえを　きいて、子《こ》どもたちは、わっと　わらいました。

なかまの　からすたちも、わらいました。

かんざぶろうの　おかあさんは、しんぱいして、ふくろうの　おいしゃさんの　ところに、つれて　いきました。ふくろうの　おいしゃさんは、かんざぶろうの　のどを　しらべて、

「これは、き車《しゃ》の　けむりを、ひどく　すいこんだためです。」

と、いいました。

ふくろうの　おいしゃさんから　もらった　くすりの　おかげで、かんざぶろうの　のどは、三日《みっか》めになおりました。

そこで、また、かんざぶろうは、せんろに　いってみました。

すると、しばらくして、むこうから、いままで　見《み》た　ことも　ない、へんな　のりものが　はしってきました。ディーゼル・カーです。

ディーゼル・カーは、くろい　けむりも　出《だ》さず、きてきも　ならさずに、かんざぶろうの　まえを、いきおいよく、とおりすぎて　いきました。

出典★野上暁《のがみあきら》編『はじめてよむ童話集⑤　すこしかなしい話』
大月書店刊　所収
大石真《おおいしまこと》作「からすのかんざぶろう」より

かんそうを　かこう

第13回

ものがたりの ポイント 気《き》もちを よみとる

学習日　　月　　日

つぎの 文《ぶん》しょうを よんで、もんだいに こたえましょう。

「あーあ。」

と、はるとくんは ためいきを つきました。

そとは 雨《あめ》です。

ともだちと サッカーを する やくそくを して いたのに、雨《あめ》で 中《ちゅう》しに なって しまって、がっかりして いたのです。

はるとくんは、ごろんと ゆかに よこに なりました。その とき、おじいちゃんから もらった けん玉《だま》が 手《て》に あたりました。

「きょうは これで あそぼうかな。」

そう おもったら、だんだん わくわくして きました。

もんだいに こたえよう

2 はるとくんが、ためいきを ついたのは、どうしてですか。

ともだちと ［　　　　］ やくそくを して いたのに、雨《あめ》で ［　　　］ に なって、［　　　］ して いたから。

3 ——と おもった とき、はるとくんの 気《き》もちは、どんな 気《き》もちに かわりましたか。

たしかめよう

1 はるとくんの　気《き》もちを　あらわす　ことばを　右《みぎ》の　文《ぶん》しょうから　二《ふた》つ　さがして　せんを　ひこう。

しっていたら　かっこいい！

気《き》もちを　あらわす　ことばには、つぎの　ような　ものが　あるよ。

・うれしい
・かなしい
・うきうき
・はらはら　など

気《き》もちの　よみとりは、気《き》もちを　あらわす　ことばに　気《き》を　つけて　よもう。

[　　　　　　]する　気《き》もち。

これができると　かっこいい！

人《じん》ぶつの　こうどうから　気《き》もちが　よみとれると　かっこいいよ。「ためいきを　つく」と　いう　こうどうにも　「がっかり」と　いう　気《き》もちが　あらわれて　いるね。

こたえ

たしかめよう

1 がっかり・わくわく

もんだいに　こたえよう

2 サッカーをする・中《ちゅう》し・がっかり

3 わくわく

第14回

ものがたり

気《き》もちを よみとる ①

つぎの 文《ぶん》しょうを よんで、下《した》の もんだいに こたえましょう。

おとうさんが かえって くると、リサは、おかえりなさいも いわずに、げんかんで おとうさんの せびろの そでを つかんで、

「ねえ ねえ、おとうさん。お手《て》がみ くるの。」

と いいました。

「へー、だれに？」

「リサに きまってるじゃない。おとうさん、わからないの。」

「あー そうか。それで そんなに うれしそうなのか。」

「うん。ひろみちゃんから くるの。」

リサは とくいげに そう いうと、おとうさんの おもい カバンを リビングまで はこん

1 手《て》がみは だれから だれに くるのですか。（一つ20てん）

[ ] から、

[ ] に くる。

2 リサは、手《て》がみが くる ことを どう おもっていますか。（ ）に ○を かきましょう。（30てん）

ア（ ）うれしく おもって いる。

イ（ ）かなしく おもって いる。

ウ（ ）くやしく おもって いる。

学習日 月 日

得点 /100点

で　あげました。
ばんごはんの　ときも、リサの　手《て》がみの　はなしは　とまりません。
そして　その　よ。
リサは　いつもより　早《はや》く　ねました。
おかあさんが　ふしぎに　おもって、
「どうして　そんなに　早《はや》く　ねるの。」
と　きくと、リサは、
「早《はや》く　ねれば、早《はや》く　あしたに　なるでしょう。」
と　こたえて、ふとんに　もぐりこみました。

3　――と　ありますが、リサは　どうして　早《はや》く　ねる　ことに　したのですか。（　）に　○を　かきましょう。（30てん）

ア（　）早《はや》く　ねれば　よく　ねむる　ことが　できて、いい　ゆめを　見《み》られると　おもったから。

イ（　）早《はや》く　ねれば　早《はや》く　あしたに　なって、ひろみちゃんに　あえると　おもったから。

ウ（　）早《はや》く　ねれば　早《はや》く　あしたに　なって、手《て》がみを　うけとれると　おもったから。

出典★阿部《あべ》はじめ 作『はじめてのてがみ』PHP研究所刊　より

ものがたり 気《き》もちを よみとる ②

すみれちゃんは ねん土《ど》で たべものを つくって いました。つぎの 文《ぶん》しょうを よんで、下《した》の もんだいに こたえましょう。

かりんちゃんが、まだ、ほんとうの 赤《あか》ちゃんだった ころ、かりんちゃんは、ねむってばかりいて、すみれちゃんは、ずいぶんと しんぱいしたものです。

①あの ころは よかったなあ。かりんちゃんは、おとなしかった うえに、なんにも ほしがらなかったし、まねしなかったし。あの ころの かりんちゃんは、とっても いい、いもうとだった。

そんな ことを、ずうっと かんがえて いたからでしょうか、かりんちゃんの いたずらに、すみれちゃんは ちっとも 気《き》が つきませんでした。

1 すみれちゃんは、ねむってばかり いた かりんちゃんの ことを、どう おもって いましたか。（30てん）

ずいぶんと [　　　　] して いた。

2 ——①、すみれちゃんは どうして あの ころは よかったと おもって いるのですか。すみれちゃんの おもった ことが わかる ぶぶんに せんを ひきましょう。（30てん）

学習日 月 日

得点 ／100点

「ねえね。」

そう いって、かりんちゃんが うれしそうに さしだした、いろんな いろが、おかしな ぐあいに まじった、へんな ものを 見《み》た ときも、それが、なにから できて いるのか、すみれちゃんには、わかりませんでした。

もちろん それは、ねん土《ど》で できて いました。さっきまで、ぶどうと、すいかと、にんじんだった ねん土《ど》で。

「かりんちゃんの バカ。」

②**すみれちゃんは、かりんちゃんの かたを、つつきました。**

3 ——②、この とき すみれちゃんは どんな 気《き》もちでしたか。（　）に ○を かきましょう。（40てん）

ア（　）ねん土《ど》の たべものを もとどおりに なおそうと おもって あせる 気《き》もち。

イ（　）ねん土《ど》の たべものを だめに されて しまって、はらを 立《た》てる 気《き》もち。

ウ（　）ねん土《ど》の たべものを かりんちゃんが 気《き》に 入《い》って くれて うれしい 気《き》もち。

出典★石井睦美《いしいむつみ》 作『すみれちゃんは一年生』偕成社刊 より

ものがたり 気《き》もちを よみとる ③

ねん土《ど》に いたずらを された すみれちゃんは、かりんちゃんの かたを つつきました。つぎの 文《ぶん》しょうを よんで、下《した》の もんだいに こたえましょう。

かりんちゃんは あおむけに ひっくりかえって、なき出《だ》しました。じぶんでは おき上《あ》がろうとは しないで、ひっくりかえったまま、なきつづけました。

すみれちゃんは、でも、かりんちゃんを、たすけおこそうとは しませんでした。どうせ ママが きて、かりんちゃんを だっこするんだから。

ママが やって きて、
「もう、こんどは なに?」
と、ききました。①ママの こえは、やさしいとは いえませんでした。でも、すみれちゃんは、

1 ――①、この ときの ママは どんな かおを して いると おもいますか。（30てん）

□ かお。

2 ――②、すみれちゃんは、かりんちゃんを つきとばした ことを どう おもって いますか。（　）に ○を かきましょう。（30てん）

ア（　）つきとばした ときに、かりんちゃんが けがを して いないか、しんぱいして いる。

イ（　）かりんちゃんを つきとばして しまって、わるい ことを したと おもって いる。

学習日　月　日

得点　／100点

へい気《き》でした。

「②あたしが　つきとばしたの。それで、かりんちゃんが　ひっくりかえって、ないた。」

と、すみれちゃんは　いいました。

「どうして　そんな　ことを　したの？」

と、ママが　ききました。
③すみれちゃんは、なにも　いいません。
「どうして　そんな　ことを　したのって、きいて　いるのよ。」

と、ママは　もう　一《いち》ど　いいました。

ウ（　）かりんちゃんが　いけないのだから、じぶんは　わるく　ないと　かんがえて　いる。

3　――③、この　ときの　すみれちゃんに　あなたが　こえを　かけて　あげると　したら、なんと　こえを　かけますか。かきましょう。（40てん）

出典★石井《いしい》睦美《むつみ》作『すみれちゃんは一年生』
偕成社刊　より

第17回

よむ

こえに 出《だ》して よもう ～うつくしき もの～

学習日 月 日

1 つぎの 文《ぶん》しょうを 大《おお》きな こえで よみましょう。

うつくしき もの
うりに かきたる ちごの かほ《お》。
すずめの 子《こ》の ねずなきするに
を《お》どりくる。二《ふた》つ 三《みっ》つばかりなる
ちごの、いそぎて はひ《い》くる みち
に、いと 小《ちい》さき ちりの ありけ
るを、目《め》ざとに 見《み》つけて、いと
を《お》かしげなる およびに とらへ《え》て、

ゆっくりと 大《おお》きな こえで よんで みよう。よみにくい ときは、一《いっ》かい おうちの 人《ひと》に よんで もらっても いいよ。

文しょうの いみ

かわいらしい もの
うりに かいて ある 赤《あか》ちゃんの かお。すずめの 子《こ》が、人《ひと》が ちゅっちゅっと よぶと あつまって くる こと。二《に》さいか 三《さん》さいぐらいの 小《ちい》さな 子《こ》が、いそいで はって くる とちゅうに、とても 小《ちい》さな ちりが あるのを 目《め》ざとく 見《み》つけて、かわいらしい ゆびに とって 大人《おとな》たちに 見《み》せて いるのは、とても かわいい。

大人《おとな》ごとに　見《み》せたる、いと　うつくし。

『枕草子《まくらのそうし》』清少納言《せいしょうなごん》

しっていたら　かっこいい！

この　文《ぶん》しょうは、いまから　千年《せんねん》ほどまえに　かかれました。このように、ずっとむかしに　かかれた　文《ぶん》しょうを　「古文《こぶん》」と　いいます。「古文《こぶん》」では、ことばの　いみや　かなづかいが　いまと　ちがって　います。

『枕草子《まくらのそうし》』は、清少納言《せいしょうなごん》と　いう　女《おんな》の人《ひと》が　かきました。「うつくし」と　いうのは、「かわいい」と　いういみで、かわいいと　おもう　ものを　たくさん　ならべて　かいて　います。すずめの　子《こ》や、小《ちい》さな　子《こ》どもをかわいいと　おもう　きもちは、千年《せんねん》まえも　いまも　かわらないのですね。

第18回

しの ポイント

しを よみとる

学習日　月　日

つぎの しを よんで、もんだいに こたえましょう。

ひまわり

ひまわり　さいた。
ひまわり　あかるく　ひかってる。

ひまわり　さいた。
たくさん　さいた。
小《ちい》さな　たいよう　いっぱい　さいた。
空《そら》にも　たいよう、にわにも　たいよう。
たいようが　たくさん　あるから
こんなに　あつく　なるのかな。

もんだいに　こたえよう

3 この　しの　さくしゃは、ひまわりを　なにに　たとえて　いますか。

4 この　しの　さくしゃは、どんな　気《き》もちだと　おもいますか。（　）に　○を　かきましょう。

（　）あつくて　つらい　気《き》もち。
（　）あそべなくて　つまらない　気《き》もち。
（　）ひまわりが　さいて　うれしい　気《き》もち。

たしかめよう

1 この しには、どんな ようすが えがかれて いるのかな。

［　　　　　］が さいた ようす。

2 この しの きせつは いつかな。（　）に ○を かこう。

（　）はる
（　）なつ
（　）あき
（　）ふゆ

これができると かっこいい！

なにの、どんな ようすが しに かいて あるのかを よみとろう。
そして、しに こめられた さくしゃの 気《き》もちを かんがえられると かっこいいよ。

こたえ

たしかめよう

1 ひまわり

2 （○）なつ

もんだいに こたえよう

3 たいよう

4 （○）ひまわりが さいて うれしい 気《き》もち。

第19回

しを よみとる

し

つぎの しを よんで、下《した》の もんだいに こたえましょう。

てつぼう

てつぼうに つかまって
はずみを つけて ぐるっと まわる
つばめと いっしょに ぐるっと まわる
あっ じめんに 家《いえ》が ぶらさがってる
びっくり くりくり おどろいた

てつぼうに つかまって
はずみを つけて ぐるっと まわる
すずめと いっしょに □ まわる
あっ 空《そら》まで 足《あし》が するると どいた
びっくり くりくり おどろいた

1 ――は、どんな ようすを あらわして いますか。（ ）に ○を かきましょう。（40てん）

ア（ ）けしきが ばらばらに 見《み》えて いる ようす。

イ（ ）けしきが ぐらぐら ゆれて 見《み》えて いる ようす。

ウ（ ）けしきが 上下《じょうげ》さかさまに 見《み》えて いる ようす。

2 □に 入《はい》る ことばは どんな ことばで しょうか。（ ）に ○を かきましょう。（30てん）

ア（ ）くらっと

イ（ ）ぐるっと

ウ（ ）ぶるっと

学習日 月 日

得点 ／100点

3　この　しは、どんな　ふうに　よむと　よいですか。（　）に　○を　かきましょう。（30てん）

ア（　）小《ちい》さな　こえで　くやしそうに　よむ。

イ（　）あかるい　こえで　たのしそうに　よむ。

ウ（　）しずかな　こえで　さびしそうに　よむ。

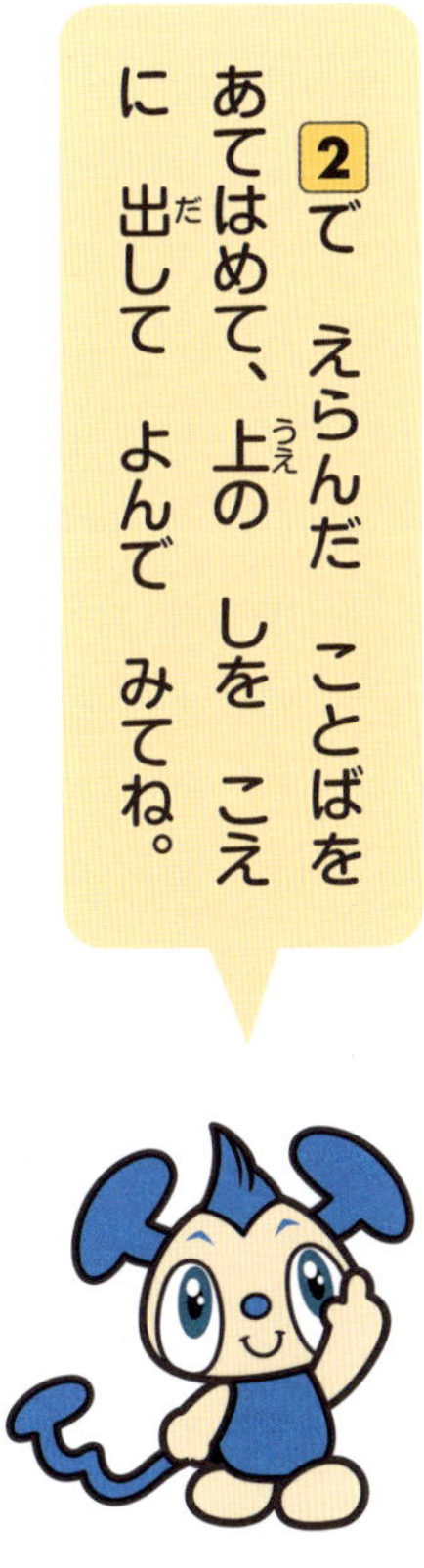
2で　えらんだ　ことばを　あてはめて、上《うえ》の　しを　こえに　出《だ》して　よんで　みてね。

出典★こやま峰子《みねこ》　著『ぴかぴかコンパス』大日本図書刊　所収
「てつぼう」より

第20回

かく

しを つくろう

学習日 月 日

おもった こと、かんじた ことを ことばに して、しを つくりましょう。

はっぱ

あきに なって、
はっぱが 赤《あか》く なった。
はずかしい こと あったのかな。

ふゆに なって、
はっぱが なくなった。
かぜに ふかれて たびに 出《で》たのかな。

1 あなたの こころに のこって いる ことや、ふしぎに おもった ことなどを おもい出《だ》しましょう。いくつ かいても かまいません。

【れい】 とけいの はりが まわる はやさが ちがうのは どうしてかな。

2 **1**で おもい出《だ》した ことの 中《なか》から、しに かく ことを えらび、どんな ないように する のか かんがえましょう。

おもった　ことや　かんじた　ことを　みじかい
ことばで　あらわした　ものを、「し」と　いいます。
右《みぎ》の　しは、はっぱを　見《み》て　かんじた　こと、おもった　ことを　しに　した　ものです。
あなたも　しを　かいて　みましょう。

はっぱが　赤《あか》く　なったのは、はずかしい　ことが　あったのかと　かんがえて　いたり、はっぱが　なくなったのは、たびに　出《で》たからだと　かんがえて　いたり　する　ところが　おもしろいね。

【れい】みじかい　はりと　ながい　はりが
ぐるぐる　あるいて　いるみたいだ。

3　しを　かきましょう。

第21回

よむ

えんぎかつぎの　だんなさん

学習日
月　日

つぎの　文《ぶん》しょうを　よみましょう。よんだら、かんそうらんに　かんそうを　かきましょう。

こんかいの　おはなし

さだきちと　かめきちが　はたらく　みせの　だんなさんは、えんぎを　かつぐのが大《だい》すきです。だんなさんは、『うえ』『かみ』『あがる』と　いう　ことばを　きくと　よろこびますが、『した』『しも』『さがる』と　いう　ことばを　きくと　おこります。ある日《ひ》、さだきちと　かめきちは、えんぎわるい　ことばを　いって　しまい、だんなさんを　おこらせて　しまいました。

その　とき、むこうの　ほうから、もきちと　いうおとこが、

「こめあげザルぅ――っ、こめあげザルぅ――っ！」

と、うりごえを　あげながら　やって　きました。

こめあげザルは、おこめを　とぐ　ときに　つかうザルです。

すると、さっきまで　おこって　いた　だんなが、うきうきしながら、おもてに　でて　きました。

「さだきちに　かめきち。いま、うれしい　こえがきこえて　きたやないか。こめあげザルには、『あげ』と　いう　ことばが　はいってるがな。こんなえんぎの　ええ　うりごえは　ない。さっそく　こめあげザルを　こうて　やろう。ザルうりを　よんでやりなはれ。」

「へぇ――い。」

さだきちと　かめきちは、もきちを　よびとめていいました。

「ザルうりの　おっちゃん。こっちへ　おいで。うちの　だんさんが、あんたの　こめあげザルを　かうと　いうてはるわ。」

「おおきに。」

「けど、きを　つけな　あかんで。うちの　だんさんは　『うえ』とか　『かみ』とか、『のぼる』『あがる』と　いう　ことばは　すきやけど、『した』とか『しも』とか、『くだる』『さがる』は、だいきらいなんや。なぁ、かめきち。」

「そうやがな。だんさんの　きに　いる　ことだけをいうたら、どんどん　おこづかいを　くれはるとおもうわ。おこづかいを　もろたら、わたいらにごちそうしてや。」

ふたりに　よい　ことを　おしえて　もらった　も

きちが、のれんを　くぐって、みせに　はいろうとすると、みせの　なかから、だんなの　こえが　しました。

「さぁ、こっちへ　はいり。おっと、みせへ　はいるのに、のれんが　じゃまかえ。」

「いいえ。のれんは　あたまで　あげて　はいりますわ。」

これを　きいて、だんなは　うれしそうな　こえをあげました。

「あげて　はいる？　うれしい　ことを　いうて　くれるな。さぁ、あんたが　もってる　ザルは、ぜんぶ　こうて　あげる。」

「みんな　こうて　もらいましたら、たたみの　うえへ、ほうりあげます。」

「うえへ、ほうりあげる！　いよいよ　うれしいな。よし、おこづかいを　あげるわ。」

だんなは　もきちの　まえに、十《じゅう》もんの　おかねを　おきました。

「おこづかいを　いただけますので。ありがとう　ございます。とびあがるほど　うれしいですわ。」

「とびあがる！　けっこう、けっこう。もう　二十《にじゅう》もん　あげるわ。」

だんなは　おおよろこびです。

「うれしい　ひとが　やって　きたな。この　おこづかいで、なにか　おいしい　ものを　かいなはれ。あんたの　すきな　たべものは　なにかいな。」

「だいこうぶつは、あげまんじゅうですわ。」

「あげまんじゅう！」

だんなの　かおは、えびすさまのように、にこにこ。

「もう　三十《さんじゅう》もん　あげる。ほかには、なにが　すきや。」

「えびの　かきあげに、とうふの　あつあげで。」

「かきあげに、あつあげ！」

だんなは、とびあがるほど　よろこんで　います。

「うれしい　ことばっかり　いうて　くれるがな。五十《ごじゅう》もん、おこづかいを　あげる。ほかの　ことも　きいて　みよか。あんたは　どんな　あそびがすきや。」

「いちばん　すきなのは　たこあげですわ。」

「たこあげ！」


だんなは　いままでで、いちばん　おおきくて　うれしそうな　こえを　あげました。

「たこあげが　すきとは、ほんとうに　うれしい　ひとやな。おこづかいを　ドーンと、ひゃくもん　あげる　ことに　しよう。ほかに　すきな　あそびはあるかえ。」

「ほかは、すごろくです。」

「すごろく？　すごろくと　いうたら、さいころをふって、あそぶ　ものやな。すごろくの　どこがすきやねん。」

「いちばん　さいごに　あがるのが、だいすきで。」

「あがる！」

だんなは　かけだしたいくらいの　うれしさです。

「こんなに　うれしいのは、うまれて　はじめてじゃ。おこづかいを　もう　二《に》ひゃくもん　あげる。」

「ありがとう　ございました。それでは　これで　かえります。」

「きを　つけて　かえりなはれ。おこづかいを　おとさんようにな。」

「おおきに　ありがとう　ございました。」

おかねを　うけとった　もきちは、おもわず……

あたまを　ぺこり。

「いま　おまえ　なにを　したんや！」

「はい。あたまを　さげ……わっ、しまった！」

もきちは　おおあわて。

「すんません、すんません。」

また、あたまを　なんども　さげて　しまいました。

「ええかげんに　しなはれ！　えんぎが　わるい。いまやった　おかねは、ぜんぶ　かえしなはれ！」

「ぜんぶ　かえしますの？　えぇ――ん。」

もきちは　おこづかいが　もらえなく　なって、べそを　かきました。

そして、それを　みて　いた　さだきちと　かめきちは、もきちに　ごちそうを　して　もらえなく　なったので、いっしょに　べそを　かきましたとさ。

出典★桂文我《かつらぶんが》話『えんぎかつぎのだんなさん
――らくご絵本――』福音館書店　より

かんそうを　かこう

第22回せつめい文の　ポイント

わだいを　よみとる

つぎの　文《ぶん》しょうを　よんで、もんだいに　こたえましょう。

たんぽぽの　きいろい　花《はな》が　さいた　あとには、白《しろ》い　わたぼうしが　できますね。

この　白《しろ》い　わたぼうしは、たんぽぽの　たねが　あつまった　ものです。たねを　よく　見《み》ると、一《ひと》つ一《ひと》つの　たねには、ふわふわした　けが生《は》えて　いる　ことが　わかります。どうしてたんぽぽの　たねは、こんな　とくべつな　かたちを　して　いるのでしょうか。

それは、かぜの　力《ちから》で　とおくに　はこんでもらう　ためです。たんぽぽの　たねは、つよいかぜが　ふくと、いっせいに　とび立《た》って　いくように　なって　いるのです。

もんだいに　こたえよう

2 たんぽぽの　たねは　どんな　かたちに　なって　いますか。

一《ひと》つ一《ひと》つの　たねに、[　　　]した[　　　]が　生《は》えて　いる。

3 たんぽぽの　たねは、どうして　とくべつな　かたちを　して　いるのですか。

[　　　]の　力《ちから》で[　　　]を

学習日　月　日

たしかめよう

1 この 文《ぶん》しょうは、なにに ついて せつめいして いるのかな。

［　　　］の［　　　］。

文《ぶん》しょうに なんども くりかえし 出《で》て くる ことばに ちゅう目《もく》しながら よもうね。

［　　　］に はこんで もらうため。

これができると かっこいい！

まずは、なにに ついて せつめいして いる 文《ぶん》しょうなのかを よみとろう。わだいを つかんで よむように すると、はなしの ないようが わかりやすく なるよ。

こたえ

たしかめよう

1 たんぽぽ・わたぼうし（たね）

もんだいに こたえよう

2 ふわふわ・け

3 たね・かぜ・とおく

第23回

わだいを よみとる ①

せつめい文

学習日　月　日

得点　/100点

つぎの 文《ぶん》しょうを よんで、下《した》の もんだいに こたえましょう。

カンガルーの おかあさんは、一《いち》どに 一《いっ》とうの 赤《あか》ちゃんを 生《う》みます。生《う》まれたばかりの 赤《あか》ちゃんは、人《にん》げんの 小《こ》ゆびの 先《さき》くらいの 大《おお》きさです。たいじゅうは、一円玉《いちえんだま》と おなじくらいで、ほんの 一《いち》グラムくらいしか ありません。目《め》も 耳《みみ》も、まだ かたちが でき上《あ》がっていません。

そんなに 小《ちい》さいのに、赤《あか》ちゃんは 生《う》まれると すぐに、まえ足《あし》で おかあさんの けを つかんで、おかあさんの おなかの 上《うえ》を じぶんの 力《ちから》で よじのぼり、ふくろに 入《はい》るのです。そして、ふくろの 中《なか》で おちちを のみながら、すこしずつ 大《おお》きく なって いきます。

1 この 文《ぶん》しょうは、なにに ついて せつめいした 文《ぶん》しょうですか。(　)に ○を かきましょう。(15てん)

ア (　) カンガルーの えさ。

イ (　) カンガルーの 赤《あか》ちゃん。

ウ (　) カンガルーの 一生《いっしょう》。

2 生《う》まれたばかりの カンガルーの 赤《あか》ちゃんは、どれくらいの 大《おお》きさですか。(15てん)

四《よん》か月《げつ》か　五《ご》か月《げつ》くらい　たつと、目《め》が　見《み》えるように　なります。からだの　けも　生《は》えそろい、やっと　カンガルーの　赤《あか》ちゃんらしくなって　きます。でも、まだ　そとに　出《で》る　ことは　できません。ふくろから、かおだけ　出《だ》して、まわりを　きょろきょろ　かんさつします。

ふくろの　中《なか》は、赤《あか》ちゃんに　とって、べんりで　あんしんできる　ばしょです。おなかがすいたら　おちちを　のみます。ねむく　なったら、そのまま　ねむります。ぜんぶ、ふくろの中《なか》で　できるのです。見上《みあ》げれば、いつも　おかあさんの　かおが　見《み》えます。かぜの　ふく　日《ひ》も、さむい　日《ひ》も、日《ひ》ざしの　つよい　日《ひ》も、いごこちまんてんです。

3 カンガルーの　赤《あか》ちゃんに　とって、おかあさんの　ふくろの　中《なか》は　どんな　ばしょですか。（一つ15てん）

［　　　　］で［　　　　］できる　ばしょ。

4 カンガルーの　赤《あか》ちゃんは、ふくろの　中《なか》で　どんな　ことを　して　いますか。赤《あか》ちゃんが　して　いる　ことには　○を、して　いない　ことには　×を（　）に　かきましょう。（一つ10てん）

ア（　）おかあさんの　おちちを　のむ。
イ（　）とんだり　はねたり　する。
ウ（　）ねむくなったら　ねむる。
エ（　）えさを　さがす　れんしゅうを　する。

出典★増《ます》井《い》光子《みつこ》　監修『ちがいがわかる　写真絵本シリーズ　どうぶつの赤ちゃん　カンガルー』金の星社刊　より

第24回 わだいを よみとる ②

せつめい文

つぎの 文《ぶん》しょうを よんで、下《した》の もんだいに こたえましょう。

まゆの かたちや ふとさは、人《ひと》に よって いろいろですね。大人《おとな》には、まゆの かたちを ととのえたり、かいたり して いる 人《ひと》も います。

まゆげは、右《みぎ》と 左《ひだり》を あわせて、やく 千三百本《せんさんびゃっぽん》 あると いわれて います。ほかの けと おなじように、すこしずつ のびて いるのですが、三《さん》、四《よん》か月《げつ》で 生《は》えかわるので、まゆげは いつも みじかいままです。

ところで、まゆげは、いったい なんの ために あるのでしょうか？

うんどうを すると、おでこに たくさん あせを かきます。あせが 目《め》に 入《はい》ると こまり

---

1 まゆげが みじかいのは どうしてですか。（ ）に ○を かきましょう。（20てん）

ア（ ）ほかの けよりも のびにくいから。

イ（ ）三《さん》、四《よん》か月《げつ》で のびなく なるから。

ウ（ ）三《さん》、四《よん》か月《げつ》で 生《は》えかわるから。

2 ――と ありますが、まゆげが あると、かいた あせは どう なりますか。（30てん）

かいた あせは、

ますね。
　でも、まゆげが　ある　ことで、おでこから
ながれおちて　くる　あせは、まゆげを　つた
わって　かおの　りょうがわへと　ながれて　い
きます。まゆげは　あせが　目《め》に　入《はい》る　ことを
ふせいで　くれるのです。
　また、日《ひ》ざしが　まぶしい　ときなどに、わた
したちは、しぜんと　かおを　しかめて、まゆを
よせて、さらに　つき出《だ》しますね。
　まゆげは、目《め》の　上《うえ》に　ある　小《ちい》さな　日《ひ》がさ
のように、日《ひ》の　ひかりを
さえぎって、つよい　日《ひ》ざ
しから　目《め》を　まもって
くれて　います。
　このように、まゆげは、
あせや　日《ひ》ざしから　目《め》を
まもる　やくわりを　して
いるのです。

3　つよい　日《ひ》ざしから、目《め》を　まもって　くれて
いる　まゆげは、なにに　たとえられて　いますか。（20てん）

4　まゆげは、どのような　やくわりを　して　いる
のですか。（30てん）

出典★大山光晴《おおやまみつはる》総合監修『なぜ？　どうして？　科学のお話
2年生』学研刊　所収「まゆ毛は　何のために　あるの？」
より

第25回

よむ

こえに 出《だ》して よもう ～ろんご～

学習日　月　日

1 つぎの 文《ぶん》しょうを 大《おお》きな こえで よみましょう。

学《まな》びて思《おも》はざれば則《すなわ》ち罔《くら》し。
思《おも》ひて学《まな》ばざれば則《すなわ》ち殆《あやう》し。

文しょうの いみ

おぼえるだけで、じぶんで かんがえなければ、本《ほん》とうに りかいする ことは できない。かんがえるだけで べんきょうしなければ、かんがえが かたよって しまう。

己《おのれ》の欲《ほっ》せざる所《ところ》は、人《ひと》に施《ほどこ》すことなかれ。

ゆっくりと 大《おお》きな こえで よんで みよう。よみにくい ときは、一《いっ》かい おうちの 人《ひと》に よんで もらっても いいよ。

しって いたら かっこいい！

この 文《ぶん》しょうは、むかしの 中国《ちゅうごく》で かかれた もので、本《ほん》とうは「学而不思則罔、思而不学則殆。」のように、ぜんぶ かん字《じ》で かかれて います。このような 文《ぶん》しょうを「漢文《かんぶん》」と いいます。むかしから 日本人《にっぽんじん》は、中《ちゅう》国《ごく》の 文《ぶん》しょうを よんで べんきょうして いました。

文しょうの いみ

じぶんが 人《ひと》に して ほしく ない ことは、
人《ひと》に しては いけない。

過《あやま》ちて改《あらた》めざる、是《これ》を過《あやまち》と いふ《う》。

文しょうの いみ

まちがった ことを したら、なおすべきだ。
なおさない ことこそ まちがって いる。

『論語《ろんご》』孔子《こうし》

「論語《ろんご》」は、中国《ちゅうごく》の 学《がく》しゃで ある 孔子《こうし》や、その でしの ことばを まとめた 本《ほん》です。孔子《こうし》は、二千五百年《にせんごひゃくねん》も むかしの 人《ひと》ですが、その ことばは いまでも わたしたちに 大《たい》せつな ことを おしえて くれます。いまは むずかしく かんじると おもいますが、もう すこし 大《おお》きく なったら きっと いみが わかると おもいますよ。

むずかしい ことばが おおい けれど、大《おお》きな こえで すらすら よめたら かっこいいよ！

第26回

ちずを よみとる

いろいろな 文

1 つぎの 文《ぶん》しょうを よんで、はるかさんの いえから 学校《がっこう》までの みちじゅんに なるように 下《した》の ちずに せんを ひきましょう。（50てん）

いえを 出《で》て、まえの みちを 左《ひだり》に すすみます。
すこし あるくと、ゆうびんきょくが あります。ゆうびんきょくの となりには、パンやさんが あります。その パンやさんの かどを 左《ひだり》に まがります。
そして、こうばんの かどを また 左《ひだり》に まがります。
そのまま まっすぐ あるくと、学校《がっこう》に つきます。

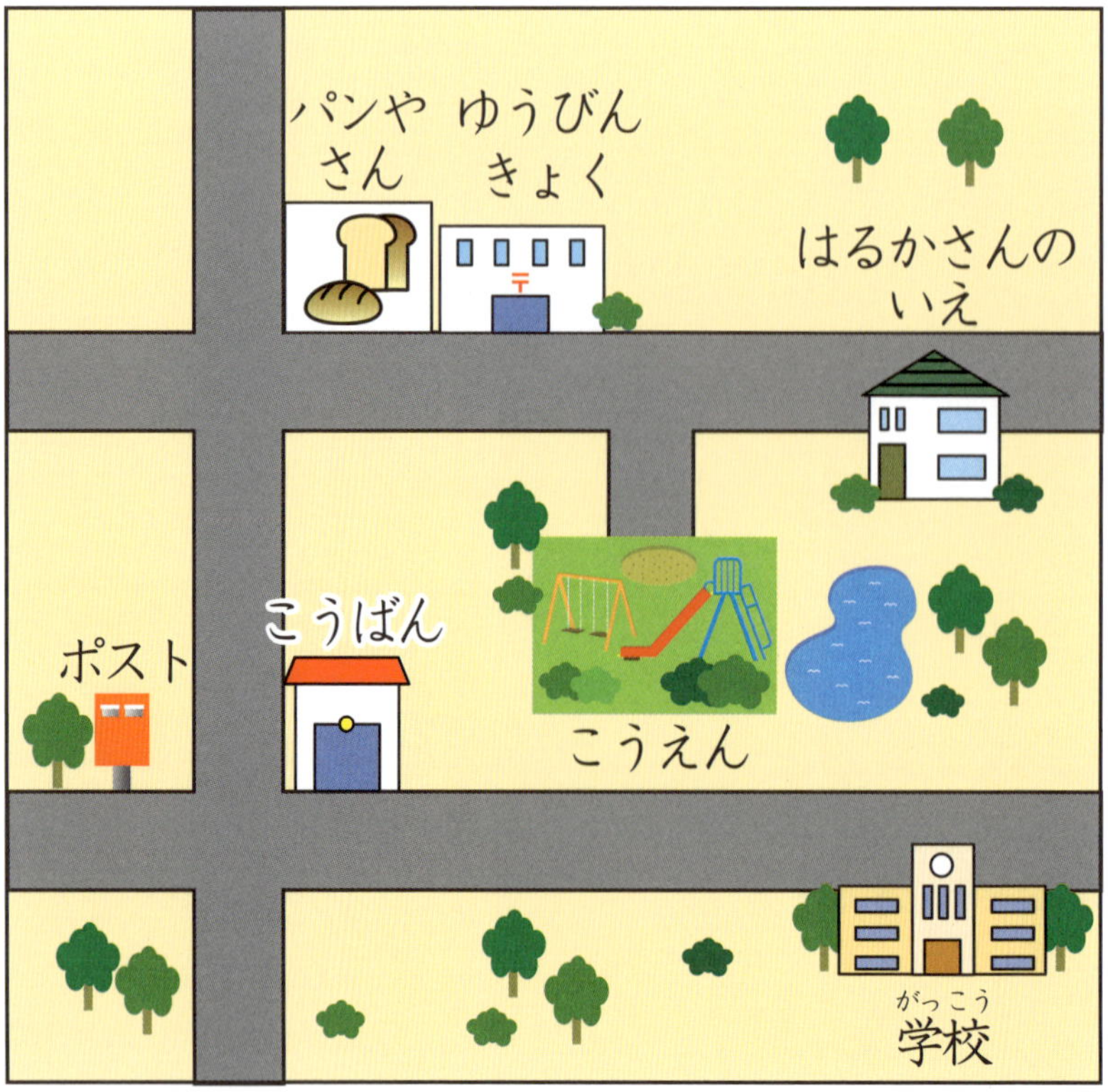

学習日 月 日

得点 ／100点

2 つぎの　ちずを　よく　見《み》て、下《した》の　せつめいが　ちずと　あって　いる　ものには　○を、あって　いない　ものには　×を　（　）に　かきましょう。

（一つ10てん）

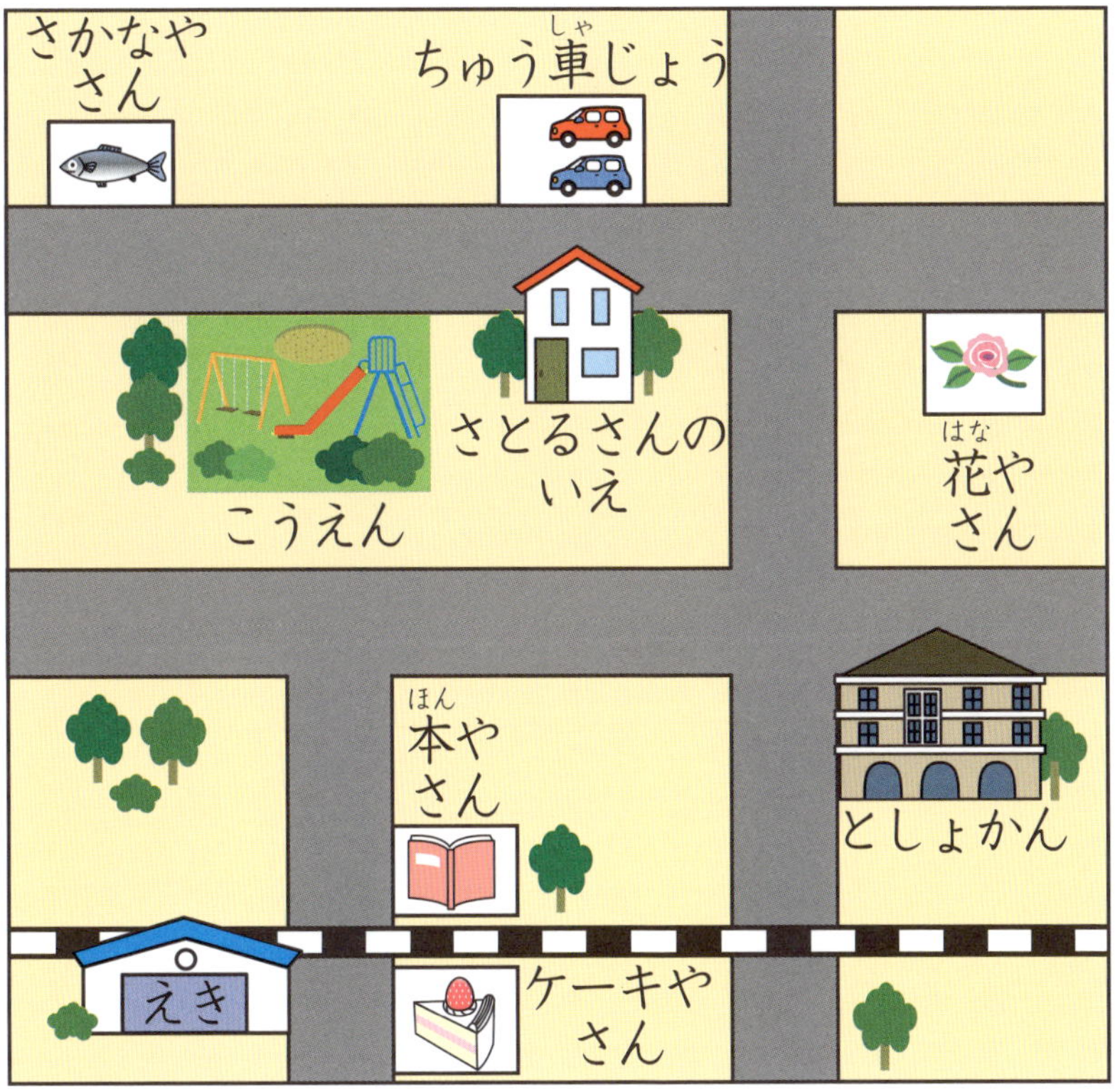

ア（　）さとるさんの　いえの　むかいには、ちゅう車《しゃ》じょうが　ある。

イ（　）さとるさんの　いえの　まえの　みちを　右《みぎ》に　まっすぐ　すすむと、さかなやさんが　ある。

ウ（　）えきを　出《で》て、せんろを　こえた　ところには　本《ほん》やさんが　ある。

エ（　）花《はな》やさんの　まえの　みちを　左《ひだり》に　すすみ、こうさてんを　左《ひだり》に　まがって　まっすぐ　すすむと、としょかんが　ある。

オ（　）えきから　としょかんに　いくまでに、花《はな》やさんの　まえを　とおる。

第27回

いろいろな 文

文《ぶん》を よんで えを かく

1 えに ついて せつめいした つぎの 文《ぶん》しょうを よんで、せつめいの とおりに えを かきましょう。（40てん）

はじめに、大《おお》きな 四《し》かくを 一《ひと》つ かきます。

つぎに、その 四《し》かくの 上《うえ》に くっつけるように して 三《さん》かくを 一《ひと》つ かきます。

そして、はじめに かいた 大《おお》きな 四《し》かくの 中《なか》に、小《ちい》さな 四《し》かくを 一《ひと》つ かきます。

さいごに、小《ちい》さな 四《し》かくの 中《なか》に たてと よこに 十《じゅう》の 字《じ》に なるように せんを ひきましょう。

どんな えに なりましたか。

学習日
月
日

得点
/100点

2 つぎの 文《ぶん》しょうの とおりに えを かくと、どんな えに なるでしょうか。あう ものを せんで むすびましょう。

（一つ30てん）

1 はじめに、大《おお》きな 円《えん》を 二《ふた》つ 上下《じょうげ》に くっつけて かきます。さらに、その 上《うえ》に 小《ちい》さな 三《さん》かくを のせて かきます。つぎに、上《うえ》に ある 円《えん》の 中《なか》に、くろい てんを よこに 二《ふた》つ ならべて かきます。さいごに、下《した》に ある 円《えん》の 右《みぎ》よこと 左《ひだり》よこから、ななめ上《うえ》に せんを 一本《いっぽん》ずつ ひきます。

2 はじめに、大《おお》きな 円《えん》を かきます。つぎに、その 中《なか》に くろい てんを 上《うえ》に 二《ふた》つ、下《した》に 一《ひと》つ かきます。そして、はじめに かいた 大《おお》きな 円《えん》の 上《うえ》に さんかくを 二《ふた》つ かきます。さいごに、はじめに かいた 大《おお》きな 円《えん》の 左《さ》右《ゆう》から せんを 三本《さんぼん》ずつ ひきます。

第28回

よむ

天《てん》さいテン子《こ》ちゃん

つぎの　文《ぶん》しょうを　よみましょう。よんだら、かんそうらんに　かんそうを　かきましょう。

こんかいの　おはなし

はずかしがりやの　すみれちゃんの　いえの　となりに、テン子《こ》ちゃんが　ひっこして　きました。テン子《こ》ちゃんの　ほんとうの　名《な》まえは　「ノリ子《こ》」ですが、天《てん》さいだから　「天《てん》さいテン子《こ》ちゃん」と　よばれて　いるそうです。ところが、テン子《こ》ちゃんは、ゲームも、ピアノも、ビーズも、おりがみも、しっぱいばかり　して　います。

へんだなぁ？　テン子《こ》ちゃんたら、ほんとに　なんの　天《てん》さいなんだろうなぁ？

すみれちゃんは　ずーっと　かんがえて　いました。

ただ、テン子《こ》ちゃんは、いつも　ニコニコ、ニコニコ。わらって　すみれちゃんを　見《み》て　います。なにを　してても　たのしそうです。

そして、それは　すみれちゃんも　おなじでした。

あっというまに　夕《ゆう》がたが　きて、テン子《こ》ちゃんの　おかあさんが　むかえに　きました。

「あー、おもしろかったぁ。すみれちゃん、さよならー。

また　あした、あそぼうね！」

赤《あか》い　夕日《ゆうひ》の　中《なか》を、赤《あか》い　リボンの　テン子《こ》ちゃんが　かえります。

「うん。テン子《こ》ちゃん、さよならー。また　あした、あそぼうねえ！」

あれ？　いつのまにか、すみれちゃんの　こえが、テン子《こ》ちゃんにも　まけないくらい　大《おお》きな　こえに　なって　います。

「あらまぁ。」と　おばあちゃんは　うれしそう。

「じゃぁねー。バイバーイ。」

学習日　月　日

テン子《こ》ちゃんが、もう　一《いち》ど　ふりかえった　とき、

「あっ！　テン子《こ》ちゃん、ちょっと　まって！　わすれもの、わすれもの。」

すみれちゃんが　サンダルを　つっかけて　おいかけました。

「ん？　テン子《こ》、なにか　わすれたかなぁ？」

キョロキョロして　いる　テン子《こ》ちゃんの　耳《みみ》に、すみれちゃんが　口《くち》を　くっつけて、

「あのね、あのね、テン子《こ》ちゃん。」

小《ちい》さな　小《ちい》さな　こえで　ききました。すみれちゃんは、だいじな　ことを　きくのを　わすれて　いたのです。

「あのね、テン子《こ》ちゃんは、なんの　天《てん》さいなの？」

うふふふ、ふふふふ。

テン子《こ》ちゃんが　わらいました。それから、

「あのね、わたしね……。」

こんどは　テン子《こ》ちゃんが、すみれちゃんの　耳《みみ》に、

「……。」

「なぁんだぁ。そうかぁ。ほんとだぁ！」

テン子《こ》ちゃんの　いう　とおり。ほんとうに　ほんとうに、テン子《こ》ちゃんの　いう　とおり。わらおうとおもわなくても、すみれちゃんの　ほほに、わらいがこみあげて　きます。

うふふふ、ふふふふ。

テン子《こ》ちゃんって、ほんものの　天《てん》さいじゃないかぁ！　すみれちゃんは　おもいました。

テン子《こ》ちゃんは、こう　いったのです。

「あのね、わたしね、どこに　いっても、だれとでも、すぐに　おともだちに　なる、天《てん》さいなの。」って。

出典★『読書リレー　1〜2年　パクパクきんぎょ』
星の環会刊　所収
石浜《いしはま》じゅんこ 作「てんさいテン子ちゃん」より

かんそうを　かこう

第29回

せいかくを よみとる

ものがたりの ポイント

つぎの 文《ぶん》しょうを よんで、もんだいに こたえましょう。

あさ、学校《がっこう》に いく じかんが ちかづいてきました。おねえちゃんの ゆいちゃんが、

「はやく、はやく。」

と いって、あかりちゃんを せかします。

それでも、あかりちゃんは ゆっくり パンをたべて います。ゆいちゃんは、もう あさごはんを たべおわって いて、学校《がっこう》に いく したくも すっかり できて います。

「あかり、学校《がっこう》に ちこくしちゃうよ。」

「はーい。」

ゆいちゃんが ちゅういしても、あかりちゃんは やっぱり ゆっくり こたえるのです。

もんだいに こたえよう

3 あかりちゃんは、どんな せいかくですか。（ ）に ○を かきましょう。

（ ） のんびりした せいかく。

（ ） うっかりした せいかく。

（ ） いじわるな せいかく。

4 ――の こうどうから、ゆいちゃんは どんな せいかくだと かんがえられますか。（ ）に ○を かきましょう。

（ ） ぼんやりした せいかく。

（ ） しっかりした せいかく。

（ ） だらしない せいかく。

学習日 月 日

たしかめよう

1 あかりちゃんは、あさごはんを たべて いる とき、ゆいちゃんに なんと いわれて いるかな。

2 あかりちゃんの せいかくが わかる こうどうを 右《みぎ》の 文《ぶん》しょうから さがして、せんを ひこう。

あかりちゃんは、どんな せいかくなのかな？
せいかくが わかる こうどうは 二《ふた》つ あるよ。

これができると かっこいい！

せいかくを あらわす ことばと、とうじょう人《じん》ぶつの こうどうに ちゅう目《もく》して よめると かっこいいよ。

こたえ

たしかめよう

1 はやく、はやく。

2
・それでも、あかりちゃんは ゆっくり パンを たべて います。
・ゆいちゃんが ちゅういしても、あかりちゃんは やっぱり ゆっくり こたえるのです。

もんだいに こたえよう

3 （○） のんびりした せいかく。

4 （○） しっかりした せいかく。

第30回 ものがたり せいかくを よみとる ①

学習日　月　日

得点　／100点

つぎの　文《ぶん》しょうを　よんで、下《した》の　もんだいに　こたえましょう。

目《め》を　つぶって　いても、いなずまの　ひかるのが　まぶたを　すけて　わかりました。

そとで　あばれて　いる　かみなりが、目《め》に　見《み》えるようでした。

いさむの　おもって　いる　かみなりは、りゅうのような　かいぶつです。ぜんしんが、へびのような　うろこです。

それを　じゃらじゃら　いわせながら　くろくもの　あいだを、うねうねと　とぶのです。

足《あし》は　四本《よんほん》で、二本《にほん》の　ながい　つのが　にょっきり　あるのです。

ひげも　あります。

目《め》は　するどく　とがって　いて、まっ赤《か》なの

1　いさむは、かみなりを　どのような　生《い》きものだと　おもって　いますか。（30てん）

2　かみなりが　なって　いる　とき、いさむは　どんな　気《き》もちだったでしょうか。（　）に　○を　かきましょう。（30てん）

ア（　）いらいらする　気《き》もち。

イ（　）わくわくする　気《き》もち。

ウ（　）びくびくする　気《き》もち。

です。その　目《め》で　にらむと、いなずまが　はしるのです。
きょだいな　りゅうが、いさむの　うちの　まえに　おりて　きて、ざくろの　木《き》や　うちを　わしづかみにし、ぐらぐら　ゆらして　いるような　気《き》が　しました。
りゅうは、よわむしが　すきなのです。べそを　かいて　いる　じぶんを、いまにも　まっ赤《か》な　目玉《めだま》で　にらみつけようと、ねらって　いる　気《き》が　して　ならないのです。
いさむは　じぶんの　ことを、本《ほん》とうは　すごく　よわむしだと　おもって　います。なぜかと　いえば、夕立《ゆうだち》の　ときに　おとうさんと　おかあさんが　かえって　くると、ほっとするからです。

3　いさむは、じぶんの　ことを　どんな　せいかくだと　おもって　いますか。（40てん）

出典★最上一平《もがみいっぺい》作『かみなり雲がでたぞ』新日本出版社刊　より

第31回 ものがたり
せいかくを よみとる ②

つぎの 文《ぶん》しょうを よんで、下《した》の もんだいに こたえましょう。

そうじの じかんは 一年生《いちねんせい》から 六年生《ろくねんせい》までの 子《こ》が 二人《ふたり》ずつ、みんなで 十二人《じゅうににん》で、一《ひと》つの きょうしつを そうじします。

だいすけは、六年《ろくねん》の きょうしつの グループです。六年生《ろくねんせい》の じゅんくんも、しょう子《こ》さんも、五年生《ごねんせい》の のぼるくんも、やす子《こ》さんも、四年生《よねんせい》の きよしくんも、まゆみさんも、①みんな だいすけの こと、かわいがって くれるから こまるのです。

だって、しんせつに して くれる ときに かならず、

「だいちゃんは 小《ちい》さいから。」

って いうから ぜったい 気《き》に 入《い》りません。

1 ――①、だいすけは どうして こまるのですか。（30てん）

だいすけの ことを [　　　] と いって、みんなと おなじ ことを させて くれないから。

2 ――②、だいすけは どんな 気《き》もちで 大《おお》きな つくえを はこぼうと したのでしょうか。（　）に ○を かきましょう。（40てん）

ア（　）大《おお》きな つくえを はこぶ じゃまを して、いやがらせを して やろうと いう 気《き》もち。

学習日　月　日

得点　／100点

だから②だいすけは、六年生《ろくねんせい》の あの 大《おお》きな つくえを、わざと 一人《ひとり》で もって みるのです。

すると、

「だいちゃんは 小《ちい》さいから、そんなに むりしないで、ね、ぞうきんで、ここんとこ ふいてね。」

と、六年生《ろくねんせい》の しょう子《こ》さんが やさしく いいます。

だいすけが、ぷんぷんして、もっと 大《おお》きい つくえを はこぼうと すると、

「むりむり、むりすんなよ。」

と、六年生《ろくねんせい》の じゅんくんが よこから きて、ひょいと かかえて もって いって しまいます。

イ（　）大《おお》きな つくえだって 一人《ひとり》で はこべる ところを、みんなに 見《み》せたい 気《き》もち。

ウ（　）大《おお》きな つくえを 一人《ひとり》で はこんで、みんなに おれいが したいと いう 気《き》もち。

3 だいすけは、どんな せいかくですか。（　）に ○を かきましょう。（30てん）

ア（　）らんぼうで いじわるな せいかく。

イ（　）しんせつで やさしい せいかく。

ウ（　）まけずぎらいで 気《き》の つよい せいかく。

出典★小納弘《おのうひろし》 作『かわいくなくていいもん』大日本図書刊 より

第32回

かく

ルールを せつめいしよう

あそびの ルールを じゅんじょよく せつめいしましょう。

せつめいの しかた

1 じゅんびする ものは あるのか、どんな ルールなのかを おもい出《だ》しましょう。

2 あそびを しらない 人《ひと》も わかるように せつめいしましょう。

ぼくは、「かくれんぼ」の ルールを せつめいするよ。

ルールを せつめいする ときは、「はじめに」「つぎに」「そして」などの ことばを つかって かくように しよう。
こんかいは、いすとりゲームの ルールを せつめいしてね。

1 「いすとりゲーム」で じゅんびする ものを かきましょう。

学習日 月 日

はじめに、じゃんけんで　おにを　きめます。

つぎに、おには　目《め》を　つぶって、十《じゅう》まで　かぞえます。その　あいだに、ほかの　人《ひと》は　かくれます。

おにに　「もう　いいかい？」と　きかれて、まだの　ときは、「まあだだよ。」と　こたえます。もう　いい　ときには、「もう　いいよ。」と　こたえます。みんなが　「もう　いいよ。」と　いったら、おにが　みんなを　さがしに　いきます。

そして、さいしょに　見《み》つかった　人《ひと》が　つぎの　おにに　なります。

2 「いすとりゲーム」の　ルールを　せつめいしましょう。

第33回

よむ

ながい ながい ペンギンの はなし

学習日
月　日

つぎの 文《ぶん》しょうを よみましょう。よんだら、かんそうらんに かんそうを かきましょう。

こんかいの おはなし

ルルと キキは、ペンギンの きょうだいです。ある日《ひ》、うみべで さわぎが おこり、おとうさんと おかあさんが、ルルと キキを おいて、出《で》かけて しまいました。

「ねえ、キキ、そとへ いって、じぶんで たべるもの、さがそうか？」

ルルが、目《め》を きらきらさせて、いい出《だ》しました。

キキは、びっくりして、なくのを やめました。

「だって、ぼくたちは まだ、小《ちい》さいから、そとへ出《で》ちゃ いけないって、おとうさんが、いってたじゃないの。」

「そりゃ、そうだよ、だけど、きみが、あんまり なくから、ぼく、ただ、そう いって みただけだよ。」

ルルは、きげんを わるく して、キキの 足《あし》を、ぎゅっと、ふみつけました。小《ちい》さな キキは、べそを かきながら、だまって、にいさんを にらんで いました。

うみべの さわぎは、ますます、大《おお》きく なって いきます。

おとうさんと おかあさんは、なにを して いるのでしょう。

しくしく ないて いた、おとうとの キキは、くたびれて、ねむって しまいました。

「ようし、ぼく ひとりで、そとへ いって みよう。」

ルルは、そう けっしんして、小石《こいし》を つんだ うちの 中《なか》から、ゆきの はらっぱへ、出《で》て いきました。

＊

ルルは、あたりを 見《み》まわしました。ひろい ひろい、ゆきの はらっぱには、ルルの ほか、だれも 見《み》えません。

うす水《みず》いろと、ももいろの ひかりが、ちらちらと ゆれて いる、はらっぱを 見《み》て いると、「くしゅん」と また 一《ひと》つ、くしゃみが 出《で》ました。

ルルは、まだ、おとうさんペンギンのような、くろい、あったかい、うわぎを もって いません。おかあさんペンギンのような、白《しろ》い ぷわぷわの はらまきも、もって いません。やわらかい、ねずみいろの はねげが、ぽやぽやと、ちょっぴり、生《は》えて いるだけです。

「そとは、ずいぶん、さむいんだなあ。だけど、ぼく ひとりで いって みなくちゃ。」

ルルは、ゆうかんに、あるき出《だ》しました。こおった ゆきの 上《うえ》を、あるくと、つるりつるりと、足《あし》が すべります。

ルルは、こおりの 上《うえ》に、おなかを くっつけて、すうっと、すべって みる ことに しました。

すてきです。

おとうさんや、おかあさんが やって いたように、ルルにだって、こおりすべりが できるのです。

はねも、足《あし》も、からだに、ぴったり つけて、そりのように、おなかで、すうっと、すべるのです。

「すてきだなあ。キキにも、こんど、おしえて やらなくちゃ。」

ルルは、くちばしを、きゅっと、空《そら》へ むけて、こおりの 上《うえ》を、すべって まわりました。からだじゅう、ぽかぽかと、あたたかく なって、ルルは、おなかの へって いる ことも、わすれました。

その とき、あたまの 上《うえ》に、すうっと、くろい かげが、おちて きました。

ちゃいろい はねの 大《おお》きな とりが、ルルを 目《め》がけて、まいおりて きたのです。

トウゾクカモメです。金《きん》いろの 目《め》が、ぎらぎらと、おそろしく ひかって います。ルルは、こわいとおもいました。むちゅうで、こおりの　上《うえ》を、にげました。

「おまち、小《ちい》さな　ペンギンの　ぼうや。わたしは、おまえを　たべて　しまうよ。」

トウゾクカモメは、いいました。

「いやだよ。ぼく、たべられるもんか。」

ルルは、とくいの　こおりすべりで、いちもくさんに、にげました。でも、おそろしい　とりの　はばたきは、もう　すぐ　うしろに　せまって　きました。ルルの　あたまの　けは　さか立《だ》ちました。見《み》わたすかぎり　まっ白《しろ》い　ゆきと、小石《こいし》だらけの　はらっぱには、かくれる　ところが　ありません。

けれども、ゆきの　中《なか》に、ふかい、こおりの　われ目《め》が、ぽっかりと、青《あお》みどりいろの　口《くち》を　あけていました。もしも、ルルが、あの　中《なか》に　とびこめば、トウゾクカモメも、そこまでは、おいかけて　こられないでしょう。でも、あの　みどりいろの、われ目《め》の中《なか》にだって、どんな　こわい　ものが、かくれて　いるか　わかりません……。

「ふふふふ、小《ちい》さい、ペンギンの　ぼうや。わたしは、おまえを　たべて　しまうよ。」

トウゾクカモメの　はばたきが、ルルの　くびすじに、すうっと　さわりました。

「いやだ、ぼく、たべられるもんか。」

ルルは　こおりの　われ目《め》の　中《なか》に、おもいきって、さっと、とびこんで　いきました。

＊

ルルは、たすかりました。トウゾクカモメは、キイキイ、おこって　なきさけびながら、こおりの　われ目《め》の　上《うえ》を　とびまわって　いますが、もう　ルルを、つかまえる　ことは　できません。

出典★　いぬいとみこ作『ながいながいペンギンの話』
岩波書店刊　より

かんそうを　かこう

第34回

かく

とうじょう人《じん》ぶつに なった つもりで かこう

1 つぎの 文《ぶん》しょうは、ぜんかい よんだ 文《ぶん》しょうの 中《なか》の ばめんです。この とき、ペンギンの ルルは、どんな 気《き》もちだったでしょうか。ルルに なった つもりで ルルの 気《き》もちを かきましょう。

【れい】

ルルは、こおりの 上《うえ》に、おなかを くっつけて、すうっと、すべって みる ことに しました。すてきです。

ああ、たのしいな。こんどは キキと いっしょに すべって あそびたいな。

ルルは、たすかりました。トウゾクカモメは、キイキイ、おこって なきさけびながら、こおりの われ目《め》の 上《うえ》を とびまわって いますが、もう ルルを、つかまえる ことは できません。

学習日
月 日

第35回

せつめい文《ぶん》の まとめ

せつめい文

つぎの 文《ぶん》しょうを よんで、下《した》の もんだいに こたえましょう。

サバンナには、よわい ライオンの 赤《あか》ちゃんを ねらう てきが たくさん います。おなじ ばしょに ずっと いると、てきが においを かぎつけるので きけんです。そこで、おかあさんは 二《に》〜三日《さんにち》に 一《いち》どくらい、赤《あか》ちゃんを ほかの ばしょへ うつします。赤《あか》ちゃんの くびすじを 口《くち》で くわえて、一《いっ》とうずつ はこんで かくすのです。

赤《あか》ちゃんは、生《う》まれてから 六《ろく》しゅうかんくらい たつと、あるきはじめます。その ころに、おかあさんは 赤《あか》ちゃんたちを つれて むれに かえります。むれを まもる つよい オスは、赤《あか》ちゃんたちの おとうさんです。

1 なぜ ライオンの おかあさんは、赤《あか》ちゃんを ほかの ばしょへ うつすのですか。（一つ15てん）

おなじ ばしょに ずっと いると、

［　　　　］ので

［　　　　］だから。

2 どうやって 赤《あか》ちゃんを ほかの ばしょへ うつすのですか。（30てん）

［　　　　］

学習日　月　日

得点　／100点

赤《あか》ちゃんたちは　まい日《にち》、とっくみあいや　おいかけっこを　して　たくさん　あそびます。おとなの　からだに　よじのぼったり、しっぽにじゃれつく　ことも　大《だい》すきです。

赤《あか》ちゃんの　あそびは　ぜんぶ、かりや　たたかいの　れんしゅうです。とびかかったり、つかまえたり、あそびながら　いろいろな　ことを学《まな》んで　いきます。

赤《あか》ちゃんたちが　おちちを　もらうのは、じぶんの　おかあさんだけでは　ありません。ほかの　メスからも　おちちを　もらいます。むれのメスたちは、みんな　おかあさんの　しんせきで、きょう力《りょく》して　赤《あか》ちゃんを　そだてるのです。おかあさんが　かりに　出《で》かけて　いる　あいだも　ほかの　メスが　赤《あか》ちゃんたちの　せわを　して　くれるので　あんしんです。

3 ライオンの　赤《あか》ちゃんは、たくさん　あそぶ　ことで、なにの　れんしゅうを　して　いるのですか。（20てん）

4 ライオンは、むれの　中《なか》で　赤《あか》ちゃんを　どのように　して　そだてますか。（20てん）

むれの　メスたちが、［　　］して　赤《あか》ちゃんを　そだてる。

出典★　増井光子《ますいみつこ》　監修『くらべてみよう！　どうぶつの赤ちゃん①ライオン』ポプラ社刊　より

第36回

ものがたりの　まとめ

ものがたり

学習日　月　日

得点　／100点

つぎの　文《ぶん》しょうを　よんで、下《した》の　もんだいに　こたえましょう。

学校《がっこう》からの　かえりみち、ぼくは、一人《ひとり》、おこって　あるいて　いた。

「だいきとなんて、もう、口きかない。」

なんども、いいながら。

だって、だいきは、なまいきだ。

ぜったい、なまいき。

ええと、けんかの　げんいんは、なんだったたっけ？

そうだ！

だいきが、ぼくの　大《だい》すきな　サッカーせん手《しゅ》の　わる口《くち》を　いったんだ。

「あんなの　へたくそだ。足《あし》も　みじかいし、かみがたも、にわとりみたいで、かっこわるい。」

1　――と　いった　とき、「ぼく」は　どんな　気《き》もちでしたか。（　）に　○を　かきましょう。（20てん）

ア（　）むかむかした　気《き》もち。

イ（　）はらはらした　気《き》もち。

ウ（　）そわそわした　気《き》もち。

2　――と　「ぼく」が　いったのは、どうしてですか。（20てん）

だいきと［　　］を　して　しまったから。

それで、いいあいに　なり、気《き》が　つくと、とっくみあい。きょうしつ中《じゅう》を　ころげまわって　あばれた。で、しまいには、ぼくたちは、先《せん》生《せい》に　おこられた。

けんかは　どちらも　いけないって。

おたがいに、ごめんなさいを　させられた。

でも、あとに　なって　だいきは、じぶんは、わるく　ないって、いいだした。

けんかに　なったのは、ぼくの　せいだって。

ぼくが、すぐ　おこるからだって。

もう、ぼくと　あそばないとまで　いう。

だから、ぼくも、いったんだ。

「こっちだって、ぜったいに　あそんで　やらない……。」

3 けんかの　げんいんを「ぼく」と　だいきは　それぞれ　どうしてだと　かんがえて　いますか。（一つ30てん）

・ぼく

・だいき

出典★赤羽《あかはね》じゅんこ 作『ドキドキ！　おともだちビデオ』文研出版刊　より

第37回

しの　まとめ

し

つぎの　しを　よんで、下《した》の　もんだいに　こたえましょう。

たんじょうび

かえるたくお

ひらり　もらった　おしらせてがみ
たんじょうパーティ　ごしょうたい
すてきな　あのこの　おまねきだ
よっ、ほい！

ぴょんと　さがしに　プレゼント
うきくさ　あつめて　みどりのぼうし
きっと　あのこに　にあうだろう
よっ、ほい！

1　「ぼく」は　なんの　どうぶつですか。（25てん）

2　「ぼく」は、たんじょうパーティの　プレゼントに　なにを　よういしましたか。（25てん）

学習日　月　日

得点　／100点

ぼくも　おしゃれを　せにゃならぬ
あまぐつ　あまがさ　あまがっぱ
あのことおなじ　みどりいろ
よっ、ほい！

うたって　おどって　わになって
たんじょうパーティ　①さいこうちょう
あのこ　にっこり　ぼく　にっこり
②よっ、ほい！
よっ、ほい！

3 ――①と　ありますが、たんじょうパーティは　どう　なって　いるのですか。（　）に　○を　かきましょう。（25てん）

ア（　）たんじょうパーティが　とても　もりあがって　いる。

イ（　）たんじょうパーティが　ようやく　はじまろうと　して　いる。

ウ（　）たんじょうパーティが　つまらない　ふんいきに　なって　いる。

4 ――②と　いって　いる　とき、「ぼく」は　どんな　気《き》もちで　いるでしょうか。（　）に　○を　かきましょう。（25てん）

ア（　）つまらない　気《き》もち。

イ（　）たのしい　気《き》もち。

ウ（　）ほっとした　気《き》もち。

出典★工藤直子《くどうなおこ》作『のはらうたI』童話屋刊　より

第38回

はなしあいを よみとる

いろいろな 文

かけるさんの クラスでは、としょしつに まんがを おく ことに ついて、はんで はなしあいを しました。つぎの はなしあいを よんで、下《した》の もんだいに こたえましょう。

かけるさん「ぼくは、としょしつに まんがを おいても いいと おもいます。」
えりかさん「わたしは、まんがは おかない ほうが いいと おもいます。」
はやとさん「えりかさんは、どうして まんがを としょしつに おかない ほうが いいと おもうのですか。」
えりかさん「としょしつには、べんきょうに やく立《だ》つ 本《ほん》を おいた ほうが いいと おもうからです。」
まなさん「わたしも、えりかさんの い見《けん》に さ

1 えりかさんは、はじめは としょしつに まんがを おく ことに さんせいして いましたか、はんたいして いましたか。（20てん）

[　　　　] して いた。

2 まなさんが、としょしつに まんがを おく ことに はんたいして いるのは なぜですか。（20てん）

まんがは おもしろいけれど、

[　　　　]

と おもうから。

学習日　月　日

得点　／100点

んせいです。まんがは　おもしろいけれど、べんきょうには　やく立《だ》たないと　おもいます。」

かけるさん「まんがの　中《なか》には、べんきょうに　やく立《だ》つ　ものも　あるので、そういう　まんがは　としょしつに　おいても　いいのではないでしょうか。」

えりかさん「どういう　まんがなら、いいと　おもいますか。」

かけるさん「れきしの　まんがや、ことわざの　まんがなどは、べんきょうに　やく立《だ》つと　おもいます。」

はやとさん「では、まんがの　中《なか》でも、べんきょうに　やく立《だ》つ　ものは、としょしつに　おいても　いいと　いう　ことで　いいですか。」

えりかさん「はい。その　い見《けん》に　さんせいします。」

まなさん「わたしも、さんせいです。」

3 かけるさんは、どういう　まんがが、べんきょうに　やく立《だ》つと　いって　いますか。（30てん）

など。

4 はなしあいで　どんな　ことが　きまりましたか。（　）に　○を　かきましょう。（30てん）

ア（　）まんがは　べんきょうに　やく立《だ》たないので、よんでは　いけないと　いう　こと。

イ（　）べんきょうに　やく立《だ》つ　まんがなら、としょしつに　おいても　いいと　いう　こと。

ウ（　）まんがは　おもしろいので、じゆうに　としょしつに　おいて　いいと　いう　こと。

Z会グレードアップ問題集
小学1年　国語　読解

初版　第1刷発行　2013年2月1日
初版　第21刷発行　2023年8月10日

編者　Z会指導部
発行人　藤井孝昭
発行所　Z会
〒411-0033　静岡県三島市文教町1-9-11
【販売部門：書籍の乱丁・落丁・返品・交換・注文】
TEL　055-976-9095
【書籍の内容に関するお問い合わせ】
https://www.zkai.co.jp/books/contact/
【ホームページ】
https://www.zkai.co.jp/books/
装丁　Concent, Inc.
（山本泰子，中村友紀子）
表紙撮影　髙田健一（studio a-ha）
印刷所　シナノ書籍印刷株式会社

ISBN　978-4-86290-106-4

かっこいい小学生になろう

Z会
グレードアップ
問題集

小学1年

国語

読解

解答・解説

解答・解説の使い方

第2回　ばめんを　おさえる　①

考え方

1 場面の様子を読み取る際には、だれが・いつ・どこで・何をしているのかをおさえるようにします。「へや」だけでも正解ですが、最初の一文に「へやの　まん中で」とあることに注目できていることを確認しましょう。

2 最初の一文に「えっちゃんが　てるてるぼうずを　つくっています」とあることに注目します。何をしているのかなど、状況を説明した文に注意して読み進めるようにすると、場面がとらえやすくなります。

3 この文章には、えっちゃんが部屋の真ん中でてるてるぼうずを作っている場面が描かれています。えっちゃんは、「あしたはれますように」「えん足に　いけますように」という願いを込めて、てるてるぼうずを作っています。「いまにも　雨がふりそうです」などの描写から、遠足が雨で中止になることを心配して、えっちゃんがてるてるぼうずを作っている場面なのだということを読み取りましょう。

答え

1 へやのまん中

2 てるてるぼうず・つくって

3 イ

ポイント①
考え方では、各設問のポイントやアドバイスを示しています。

ポイント②
答えでは、正解を示しています。

※読解の仕方を学ぶための「ポイント」の回は、問題冊子の中に「こたえ」のコーナーが設けられています。また、答え合わせのない回の解答・解説は、この冊子では省略しています。

保護者の方へ

この冊子では、**問題の答え**と、**各回の学習ポイント**などを掲載しています。問題に取り組む際や丸をつける際にお読みいただき、お子さまの取り組みをあたたかくサポートしてあげてください。

本書では、教科書よりも難しい問題を出題しています。お子さまが解けた場合は、いつも以上にほめてあげて、お子さまのやる気をさらにひきだしてあげることが大切です。

第2回　ばめんを　おさえる　①

考え方

1 場面の様子を読み取る際には、だれが・いつ・どこで・何をしているのかをおさえるようにします。「へや」だけでも正解ですが、最初の一文に「へやの　まん中で」とあることに注目できていることを確認しましょう。

2 最初の一文に「えっちゃんが　てるてるぼうずを　つくっています」とあることに注目します。何をしているのかなど、状況を説明した文に注意して読み進めるようにすると、場面がとらえやすくなります。

3 この文章には、えっちゃんが部屋の真ん中でてるてるぼうずを作っている場面が描かれています。えっちゃんは、「あしたはれますように」「えん足に　いけますように」という願いを込めて、てるてるぼうずを作っています。「いまにも　雨がふりそうです」などの描写から、遠足が雨で中止になることを心配して、えっちゃんがてるてるぼうずを作っている場面なのだということを読み取りましょう。

答え

1 へやのまん中
2 てるてるぼうず・つくって
3 イ

第3回　ばめんを　おさえる　②

考え方

1 文章全体を読んで、場面をとらえるようにします。冒頭の「『出こうします。』って、アナウンスが　ながれた」、最後の「みんなに、よその　しまに　いくんだよ、たびするんだよって、じまんしたい　かんじ」などの表現に注目して、「あたし」が船に乗っていること、「よその　しま」に行こうとしていることを読み取ります。「たび」に行くと答えた場合は、「どこ」に行くのかを確認させてください。

2 物語に登場する人物をおさえることも、物語の読み取りでは重要です。この物語に登場する主な人物は、「あたし」と「おとうさん」の二人です。

3 1・2で読み取ったことをふまえて考えます。傍線部の直前に「ふねが　出る　ところを　見のがしちゃう」とあることに注目して、「ゴゴゴゴッと、ふねが　ふるえた」という表現は、いよいよ出港の瞬間を迎えて船が動き出したことを表しているのだということを読み取りましょう。

答え

1 ふね・よそのしま
2 おとうさん
3 イ

第5回 日きを よむ

考え方

1 日記の最初に、日記を書いた日が書かれています。

2 最初に「きょう、ぼくは、かぶと虫を とりに、あさ 早く おとうさんと おかの 上の 林に いきました」とあること に注目します。日記文では、いつ、どこで、何をしたかをしっ かりとおさえて読むことが大切です。

3 第二段落から答えを探します。

4 「見つけた ときは、すごく うれしかったです」とあるので、 「うれしい 気もち」であったと考えられます。日記には、で きごととその感想を書きますから、書き手の気持ちもしっかり とおさえましょう。

5 最後の一文に注目しましょう。「虫かごに入れて、たいせつ にいえにもちかえった。」など、同じ内容を書くことができて いれば正解とします。

答え

1 八月二十日

2 かぶと虫をとる

3 ねむること

4 ウ

5 虫かごに入れて、だいじにいえにもってかえった。

第6回 手がみを よむ

考え方

1 最初の部分で「おばあちゃん」と手紙を書く相手に呼びかけ ています。また、最後に「えみ」「おばあちゃんへ」と差し出 し人と相手の名前を書いています。

2 第三段落から読み取りましょう。

3 「はっぴょうかいは、九月十五日の 日よう日に あります。」 とあります。曜日もおさえられるとよいでしょう。

4 「ばしょは、えきまえの ぶんかかいかんです。」とあります。 「ぶんかかいかん」のみでも正解です。

5 手紙全体を読んで、何を伝える手紙なのかを読み取りましょ う。この手紙はえみさんからおばあちゃんにあてたもので、お ばあちゃんをピアノの発表会に招待する手紙です。何を伝える 手紙なのかを読み取ることは、日常生活でもとても大切です。 しっかりと確認しておきましょう。

答え

1 えみ・おばあちゃん

2 一じかん

3 九月十五日の日よう日

4 えきまえのぶんかかいかん

5 ア

第7回 手がみを かこう

考え方

1 手紙に書く内容を整理します。イーマルのせりふに注目して、手紙に書くべき内容をおさえましょう。

2 手紙の書き方はある程度形式が決まっていますが、今の段階ではそれを気にする必要はありません。1で整理したことがきちんとおさえられていれば正解としてください。ただし、用件のみしか書いていない場合は、挨拶をひと言入れるとよいことを教えてあげてください。

答え

1 ①だれに＝かけるさん
どんなこと＝おまつりにきてほしいということ。
②いつ＝こんどの土よう日
どこで＝学校

2 【例】
こんにちは。おげん気ですか。
こんどの土よう日に、ぼくの学校でおまつりをします。
よかったらかけるくんもおまつりにきてください。
あえるのをたのしみにしています。

第9回 はなしの すじを つかむ ①

考え方

1 それぞれの実験結果から、日本のお米とインドのお米の対比をおさえます。実験の結果は、第二段落に記されています。この説明文は、第一段落で日本のお米とインドのお米でたいたごはんについて「ちがうのは、かたちだけだろうか。」という問題提起を行い、続く第二段落で問題提起したことについて調べるために行った実験の結果を示し、第三段落で実験の結果についての考察を述べるという構成になっています。段落どうしの関係をおさえるのは一年生にはまだ難しいことですが、実験結果が第二段落に書かれていることをつかめるとよいでしょう。

2 第三段落に注目しましょう。「インドの　ほそながい　おこめで　たいた　ごはんは、おはしでは　つまみにくいし、ゆびにも　つかないから、手で　たべたり　するんだ。」という一文があります。理由を示す「……から」という表現があることに注意して、インドでごはんを手で食べる理由をとらえさせます。

答え

1 ①つまみやすい。 ②つまみにくい。
③（手に）くっつく。 ④くずれてしまう。

2 おはし・つかない

第10回 はなしの すじを つかむ ②

考え方

1 一文めに「虫を 見つけるのは たいへん」とあるのに注目しましょう。すると、その直後の一文に「……から」という表現があり、理由を説明していることがわかります。

第一段落・第二段落でふつうの虫について説明し、第三段落以降で目立つテントウムシについて説明していることを確認しておきましょう。

2 傍線の前の部分に注目して、鳥がテントウムシをおそわなくなる仕組みをとらえさせます。何が原因となってどのような結果になるのか、説明されている事柄を順を追って読み、話の筋を正しくおさえることができるようにしましょう。

3 最後の段落に「テントウムシの はでな いろの からだは」で始まる一文があることに注目します。「じぶんは おいしくないよ、と いう 目じるし」とあります。

答え

1 土・はっぱ・見わけにくい（土とはっぱは順不同）

2 ア＝2 イ＝3 ウ＝1

3 おいしくない（よ）

第11回 すきな ものに ついて かこう

考え方

1 先に自分が好きなものを書き、あとで理由を書く書き方の場合は、「なぜなら」「～から」などの言葉を使って書くことができているかどうかを確認しましょう。「なぜなら」「～から」の代わりに「どうしてかというと」などを使って書くこともできます。好きなものとその理由が筋道立てて説明できているかを確かめてください。助詞の使い方は正しいか、主語・述語が正しく対応しているかなどにも注意して、ふだんから正しい文章を書く習慣を身につけさせましょう。

2 好きなものについて、先に理由を書き、あとで自分の好きなものを書く書き方の場合は、「だから」などの言葉を使って書くことができているかを確認しましょう。「だから」以外に「そのため」などを用いることもできます。

答え

1 【例】わたしは、たべものの中ではケーキがいちばんすきです。なぜなら、おいしいケーキをたべると、しあわせな気ぶんになるからです。

2 【例】ぼくは、あたらしいことをしるととてもわくわくします。だから、いろいろな本をよむのがすきです。

第14回 気もちを　よみとる ①

考え方

1 まずは問題文の状況をとらえさせましょう。この物語は、ひろみちゃんからリサに手紙が来ることになって、リサが楽しみに待っている場面を描いたものです。

2 登場人物の気持ちの読み取りでは、まずは登場人物の気持ちを直接表している「楽しい」「悲しい」などの言葉に注目しましょう。ここでは、リサとおとうさんとの会話の中で、おとうさんが「それで　そんなに　うれしそうなのか」と言っています。また、「とくいげに　そう　いうと」、「ばんごはんの　ときも、リサの　手がみの　はなしは　とまりません」などからも、リサが手紙が来ることをとても楽しみにしていて、うれしい気持ちでいることがわかります。

3 リサが早く寝るという行動をとった理由をとらえます。リサは「早く　あしたに　なる」からだと答えていますが、なぜ明日を心待ちにしているのかを考えさせましょう。

答え

1 ひろみちゃん・リサ
2 ア
3 ウ

第15回 気もちを　よみとる ②

考え方

1 最初の段落に注目しましょう。「すみれちゃんは、ずいぶんと　しんぱいした　ものです」とあります。

2 傍線部の直後に、あのころはよかったとすみれちゃんが考える理由が示されています。「あの　ころの　かりんちゃんは、とっても　いい、いもうとだった」のみに線を引いた場合は、その前の一文により詳しく書かれていることを確認させましょう。

3 2で読み取ったことをもとに、すみれちゃんがかりんちゃんに困っているということをふまえて考えましょう。すみれちゃんが作った粘土の食べ物をかりんちゃんにいたずらされてしまい、すみれちゃんは「かりんちゃんの　バカ。」と言ったのです。登場人物の置かれている状況や発言、行動をふまえて、気持ちをとらえましょう。

答え

1 しんぱい
2 かりんちゃんは、おとなしかった　うえに、なんにもほしがらなかったし、まねしなかったし。あの　ころのかりんちゃんは、とっても　いい、いもうとだった。
3 イ

第16回 気もちを よみとる ③

考え方

1 ママがやってきて、「もう、こんどは なに?」と言ったときの状況をとらえましょう。かりんちゃんがひっくり返って泣いているのに、かりんちゃんのいたずらに腹を立てていたすみれちゃんは、助け起こそうとはしませんでした。その騒ぎを聞いて、優しいとはいえない声でママが言ったのですから、ママは怒った顔をしていたのだと考えられます。「こわい(かお)」「おそろしい(かお)」などでも正解です。

2 ママに怒った顔で責められても、すみれちゃんが「へい気」でいたことに注目して考えましょう。自分は悪くないという気持ちがあったので、平気な様子で「あたしが つきとばしたの」と答えたのです。

3 自分が思ったことが書けていれば正解です。登場人物の気持ちに寄り添って物語を読み進めることは、大切な作業です。そのうえで、自分がどう感じたのかを考えさせましょう。

答え

1 おこった

2 ウ

3 【例】おねえちゃんは大へんだよね。たまにはおこりたくなることもあるよね。

第19回 しを よみとる

考え方

1 鉄棒をしている様子を描いた詩であることをふまえて考えます。家は通常、地面の上に建っているものです。それが「じめんに家が ぶらさがってる」ように見えているということは、鉄棒にぶら下がっているために景色が上下逆さまに見えているということです。詩に描かれる情景を思い浮かべながら読むことが大切です。

2 第一連の「つばめといっしょに ぐるっとまわる」と対になった表現です。このように、詩では対句表現が用いられることが多く、対となる言葉を並べることで強い印象を残す効果をあげています。答えに迷っている場合は、第一連に似た表現がないか探させるとよいでしょう。

3 「びっくり くりくり おどろいた」とあることから、鉄棒をして遊んでいるときに気づいた発見に対する驚きや感動の気持ちが描かれているとわかります。鉄棒をして楽しく遊んでいると考えられるので、明るい声で楽しそうに読むとよいでしょう。

答え

1 ウ

2 イ

3 イ

第20回　しを　つくろう

考え方

1・2 「はじめて学校にいった日のこと。」「どうして雨がふるのか。」など、何でもかまいません。なかなか思い浮かばないときは、「昨日、どんなことがあったかな？」などのはたらきかけをしてあげてください。

3 感動や発見を詩で表現しましょう。言葉のリズムなども考えて書ければすばらしいですが、そこまでできなくてもかまいません。気づいたことを短い言葉で表せていれば十分です。

答え【例】

1 とけいのはりはそれぞれまわるはやさがちがう。

2 とけいは、みじかいはりとながいはりがぐるぐるあるいているみたいだとおもった。

3 　とけい
とけいには　ながい　はりと、
みじかい　はりが　ある。
ながい　はりは　ゆっくり　あるく。
みじかい　はりは　もっと　ゆっくり　あるく。
ときどき、ながい　はりと　みじかい　はりは　いっしょの　ところに　いる。
いったい　なにを　おしゃべりしてるのかな。

第23回　わだいを　よみとる①

考え方

1 文章全体を読んで考えるようにします。話題を読み取る場合には、繰り返し出てくる言葉（キーワード）に注目するようにします。この文章は、「カンガルー」「赤ちゃん」という言葉が繰り返し出てきているように、カンガルーの赤ちゃんについて説明したものです。

2 第一段落に「生まれたばかりの　赤ちゃんは、人げんの　小ゆびの　先くらいの　大きさです。」とあることに注目します。問われているのは「大きさ」です。「重さ」の「一円玉と　おなじくらい」と答えないように注意しましょう。

3 最後の段落に注目しましょう。「ふくろの　中は、赤ちゃんに　とって、べんりで　あんしんできる　ばしょです。」という一文があります。

4 問題文とよく照らし合わせて正誤を判断するようにします。

答え

1 イ

2 人げんの小ゆびの先くらい。

3 べんり・あんしん

4 ア＝○　イ＝×　ウ＝○　エ＝×

第24回 わだいを よみとる ②

考え方

1 第二段落に「すこしずつ　のびて　いるのですが、三、四か月で　生えかわるので、まゆげは　いつも　みじかいままです。」とあります。「……ので」という理由を表す表現に注目しましょう。

2 傍線のあとの段落に注目します。「まゆげが　ある　ことで」のあとに、かいたあせがどうなるかが述べられています。傍線の直後に「あせが　目に　入る」とありますが、これはまゆげがない場合なので、「目に　入る」という答えはまちがいであることを確認しましょう。

3 日ざしについて話題が転じているのは、第六段落です。続く第七段落に「……ように」というたとえを表す表現があることに注目しましょう。

4 最後の段落がまとめとなっていて、まゆげの役割について述べられています。

答え

1 ウ

2 かおのりょうがわへとながれていく。

3 小さな日がさ

4 あせや日ざしから目をまもるやくわりをしている。

第26回 ちずを よみとる

考え方

図や資料などと文章を関連させて考えることは、高学年になるにつれて大切になります。文章と地図を見比べて、情報を正しく読み取りましょう。

答え

1

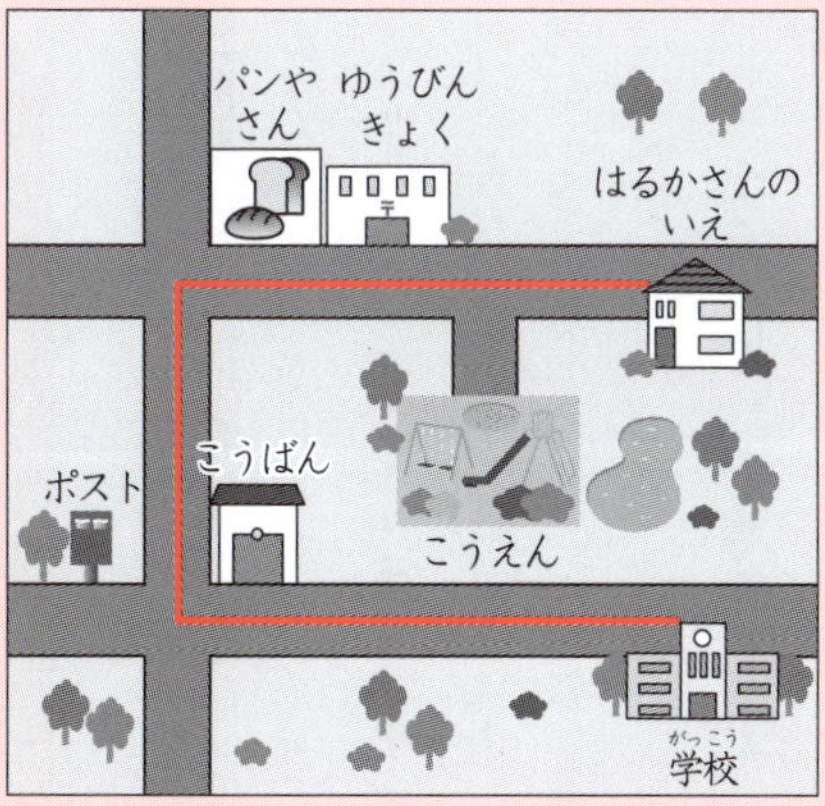

2 ア＝○　イ＝×　ウ＝○　エ＝○　オ＝×

第27回 文を よんで えを かく

考え方

1 説明に従って描くと、家の絵ができあがります。「はじめに」「つぎに」「さいごに」などの順序を表す言葉に着目して絵が描けているかを確認してください。三角形が四角形からはみ出ていたり、バランスが崩れていたりしてもかまいません。

2 説明の文を読みながら、絵を思い浮かべましょう。**ア**と**ウ**は描き方が似ているので、注意が必要です。

今回は、文章を読んで絵を描く取り組みをしましたが、自分で説明する文を書くこともとても有効な学習です。ぜひ取り組んでみてください。

答え

1

2 ①＝**イ** ②＝**ア**

第30回 せいかくを よみとる ①

考え方

1 第三段落に「いさむの おもって いる かみなりは、りゅうのような かいぶつです。」とあることに注目しましょう。

2 1でとらえたことをふまえて考えます。雷を「りゅうのような かいぶつ」だといさむが思っていることから、いさむが雷を怖がっているのだということを読み取らせましょう。また、後半に「べそを かいて いる」とあることも手がかりになります。「べそをかく」の意味がわからない場合は、泣きそうな顔になるという意味だということを説明してあげてください。

3 性格を直接表している言葉がないか、探してみましょう。最後の段落に「いさむは じぶんの ことを、本とうは すごくよわむしだと おもって います。」とあるように、いさむは自分のことを弱虫な性格だと思っているのです。雷におびえて泣きそうになっているという行動や様子にも、弱虫な性格がよく表れています。

答え

1 りゅうのようなかいぶつ

2 **ウ**

3 よわむし

第31回 せいかくを よみとる②

考え方

1 ――①に続く部分に注目しましょう。だいすけは、自分が「小さいから」という理由で、掃除を思うとおりにさせてくれないことが気に入らないのです。みんなの親切心からの行動に、だいすけが困っていることをとらえましょう。解答は「小さいから」でも正解です。

2 直前に「だから」とあることに注目します。「だから」があるときには、その前に理由が示されているということを感覚的にとらえられるとよいでしょう。みんなが「小さいから」と言うことが気に入らないために、大きな机だって一人で運べることを証明したくて、大きな机をわざと一人で持ってみたのです。

3 性格を直接表している言葉はこの文章にはないので、だいすけの行動から性格を読み取ります。小さいと言われて大きな机を運ぼうとしたり、無理をしなくていいと優しく言われたのにぷんぷんと怒ったりしているところから、負けず嫌いで気の強い性格だと考えられます。

答え

1 小さい

2 イ

3 ウ

第32回 ルールを せつめいしよう

考え方

1 あらかじめ必要なものなどを確認しておくと、説明がしやすくなります。

2 「いすとりゲーム」のルールについて、順序立ててわかりやすく説明できていれば正解とします。「はじめに」「つぎに」「そして」などの言葉を使って説明できているとなおよいでしょう。そのような言葉を使っていない場合は、「かくれんぼ」の例で確認しましょう。

答え

1 いす・おんがくを ながす きかい

2 【例】

まず、いすとおんがくをながすきかいをよういします。いすは、あそぶ人のかずより一つ少ないかずをよういします。

つぎに、おんがくをながしたりとめたりする人をきめます。

おんがくがながれているあいだは、いすのまわりをぐるぐるまわります。おんがくがとまったらいすにすわります。いすにすわれなかった人がまけです。

そして、いすのかずを、一つずつへらしていきます。さいごまでのこった人がかちです。

第34回 とうじょう人ぶつに なった つもりで かこう

考え方

1 登場人物の気持ちを想像して、自分の言葉で書く問題です。そのためには、まずは場面の状況をおさえて、登場人物の気持ちを読み取らなければなりません。第33回の文章を読み直して、ルルの気持ちを考えましょう。

問題となっているのは、ペンギンのルルがトウゾクカモメからなんとか逃げ切った場面を描いた最後の部分です。ルルはお父さんペンギンの言いつけを破って外へ出かけていってしまいます。最初は雪の上をおなかで滑って外の世界を楽しんでいたルルですが、ルルがトウゾクカモメにおそわれておそろしい思いをするのです。ルルがトウゾクカモメから逃げている場面をおさえて、逃げ切ったルルの気持ちを想像しましょう。

場面をおさえたうえで想像できていれば、どんな答えでもかまいません。自由に想像力をはたらかせて書きましょう。

答え

1 【例】ああ、こわかった。にげきれてよかったなあ。これからは、おとうさんのいいつけをまもろう。

第35回 せつめい文の まとめ

考え方

1 傍線の直前に「そこで」とあり、さらにその前に「……ので」という理由を表す表現があることに注目します。接続語を本格的に学習するのはまだ先ですが、文と文のつながりをとらえながら文章を読めると、文章の内容を理解しやすくなります。

2 傍線の直後の一文に注目しましょう。まとめ方が違っても、ここに注目して答えが書けていれば正解です。

3 「あそび」という言葉が出てくるのは第三段落と第四段落です。設問を読んで、まず第三段落・第四段落に着目できるとよいでしょう。そこから、答えとなる部分を探すようにしましょう。第四段落に「赤ちゃんの あそびは ぜんぶ、かりや たたかいの れんしゅうです。」という一文があります。

4 最後の段落に注目しましょう。「むれの メスたちは、みんな おかあさんの しんせきで、きょう力して 赤ちゃんを そだてるのです。」という一文があります。

答え

1 てきがにおいをかぎつける・きけん

2 赤ちゃんのくびすじを口でくわえて、一とうずつはこぶ。

3 かりやたたかいのれんしゅう。

4 きょう力

第36回 ものがたりの まとめ

考え方

1 物語の読み取りでは、気持ちを表す言葉に注目して、登場人物の気持ちをおさえながら読むようにします。直前に「ぼくは、一人、おこって あるいて いた」とあることから、「むかむかした 気もち」だったと考えられます。

2 「ぼく」が学校からの帰り道に、学校で起きたできごとを思い出している場面であるということをふまえて、学校でどのようなことが起きたのかを読み取らせましょう。

3 けんかの原因について、「ぼく」は、「だいきが、ぼくの 大すきな サッカーせん手の わる口を いったんだ。」と考えています。一方、だいきの考えは、問題文の後半に「けんかになったのは、ぼくの せいだって。ぼくが、すぐ おこるからだって。」とあります。それぞれの言い分をしっかりとおさえることが大切です。それぞれ、文末を「〜から。」でまとめるとよいでしょう。

答え

1 ア

2 けんか

3 ぼく＝だいきが、ぼくの大すきなサッカーせん手のわる口をいったから。

だいき＝ぼくがすぐおこるから。

第37回 しの まとめ

考え方

1 詩の作者の名前が「かえるたくお」となっていることに注目します。かえるの男の子の立場になって書かれた詩であるということに気づかせましょう。

2 第二連に注目しましょう。「うきくさ あつめて みどりの ぼうし」とあります。「みどりのぼうし」でも正解ですが、そのぼうしが浮き草を集めて作ったものであることにふれて答えが書けているとなおよいでしょう。

3 「最高潮」の意味について問う問題です。語句の問題は、その語句についての知識をもっていることがいちばん大切ですが、知らない語句である場合には、前後の内容から意味を推測するようにします。

4 傍線の直前に「あのこ にっこり ぼく にっこり」とあることに注目しましょう。楽しく愉快な気持ちが、「よっ、ほい！」というかけ声に表れていると考えられます。

答え

1 かえる

2 うきくさをあつめてつくったみどりのぼうし。

3 ア

4 イ

第38回　はなしあいを　よみとる

考え方

1 話し合いの読み取りでは、だれが賛成でだれが反対なのか、それぞれの立場をおさえることが大切です。問題文の冒頭で、かけるさんとえりかさんの立場が明らかになっています。

2 まなさんの主張をとらえましょう。まなさんは、「えりかさんの　い見に　さんせい」と言っているので、漫画を図書室に置くことには反対の立場です。漫画を図書室に置くことについて、「べんきょうには　やく立たない」ということを理由として意見を述べています。

3 勉強に役立つ漫画の例を二つあげています。一つしかおさえられていない場合は、問題文に二つ例があげられていることを確認させてください。

4 話し合いの結果をはやとさんが「まんがの　中でも、べんきょうに　やく立つ　ものは、としょしつに　おいても　いい」とまとめています。

答え

1 はんたい
2 べんきょうにはやく立たない
3 れきしのまんがや、ことわざのまんが
4 イ

言葉の世界の奥深さを感じるために

◆なんのために「よむ」のか

グレードアップ問題集を手に取って、こんな疑問をいだいた方もいらっしゃるのではないでしょうか。「読解問題や『かく』は役に立ちそう。でも、『よむ』はなんの役に立つの？」

確かに、読解問題を解く、文章を書くといった取り組みに比べて、ただ文章を読むだけの「よむ」は、何かを習得したという手ごたえが弱いかもしれません。しかしながら、この「よむ」には、さまざまなねらいや意義、そして願いが込められているのです。

◆読む楽しさにふれる

おうちの人に絵本を読んでもらう。気に入った絵本を繰り返し読む。――小学校に入るまで、「よむ」という行為は、純粋に楽しむためにありました。しかし、小学校に入ると、「よむ」行為はにわかに「勉強」としての意味をもち始めます。そんな「よむ」という行為の意味が転換しつつある時期にこそ、「『よむ』って楽しいんだよ」というメッセージを強く伝える必要があります。

第12回と第28回では、一年生にぴったりの物語を用意しました。まとまった長さの文章を、設問に邪魔されずに読み切る。物語の世界に入り込む。「よむ」という行為の原点に戻って、文章を味わってほしいと思います。

◆言葉で遊ぶ

「よむ」で取り上げた作品の中には、日常の生活ではあまりふれることのない、愉快な言葉が登場します。第4回の詩「かのいろいろ」では、「か」を用いた言葉遊びが楽しめますし、第21回の落語「えんぎかつぎのだんなさん」では、「あげまんじゅう」「かきあげ」「あつあげ」「たこあげ」など、縁起のよい言葉をたたみかけてだんなのご機嫌をとる「もきち」の話芸に圧倒されます。

これらの作品をもとに、ご家庭で言葉遊びを実践することもできます。「かの　いろいろ」の一部をアレンジしてみたり、えんぎかつぎのだんなさんが喜びそうな言葉、怒りそうな言葉を考えてみたり。言葉と戯れながら、言葉の世界の奥深さを感じてみましょう。

◆言葉の響きを楽しむ

第17回と第25回では、現代では使われていない古文・漢文を取り上げました。これらについては、今の段階で意味や文法を理解する必要はありません。大きな声で音読して、その響きやリズムを感じ取ってもらいたいと思います。「意味はよくわからないけれど、かっこいいな」と感じることができたら、言葉の世界はさらに豊かなものになるでしょう。言葉は、意味を表す記号として存在するだけでなく、その響き自体に美しさがある。長い年月語り継がれてきた言葉がもつ力は、そんなことをわたしたちに教えてくれます。

Z-KAI